1%
독서법

1% 독서법

—

2019년 6월 18일 1판 1쇄 인쇄
2019년 6월 25일 1판 1쇄 발행

—

지은이 인나미 아쓰시
옮긴이 최수진
펴낸이 이상훈
펴낸곳 책밥
주소 03986 서울시 마포구 동교로23길 116 3층
전화 번호 02-582-6707
팩스 번호 02-335-6702
홈페이지 www.bookisbab.co.kr
등록 2007.1.31. 제313-2007-126호

—

기획·진행 기획1팀 김난아
디자인 프롬디자인

—

ISBN 979-11-86925-84-3 (03320)
정가 13,000원

—

책밥은 (주)오렌지페이퍼의 출판 브랜드입니다.

이 도서의 국립중앙도서관 출판예정도서목록(CIP)은 서지정보유통지원시스템 홈페이지 (http://seoji.nl.go.kr)와 국가자료종합목록 구축시스템(http://kolis-net.nl.go.kr)에서 이용하실 수 있습니다. (CIP제어번호 : CIP2019023224)

1% 독서법

인나미 아쓰시 지음 · 최수진 옮김

책밥

독서를 편안히 즐기고 싶은 당신에게

누구나 독서를 습관으로 만들 수 있다

"책 읽기가 힘들어요." "책 한 권을 읽는 데 시간이 너무 오래 걸립니다, 진도가 나가질 않아요." "내용이 머릿속에 들어오지 않아 같은 문장을 수십 번씩 읽곤 해요."

독서 생활에 문제가 있는 분들게 종종 이러한 푸념을 듣곤 합니다. 아니, 실은 이런 고민을 들을 때가 놀랄 만큼 많습니다. 사실 '책을 빨리 읽지 못해 고민하는 사람은 나밖에 없을 거야, 다른 사람들은 어려움 없이 술술 읽겠지' 하고 생각하며 괴로워하던 시기가 제게도 있었습니다. 한때는 책 1쪽을 읽는 데 5분이 걸리는 지독가slow reader였으니 말입니다. 그런데 다른 사람들의 말을 들어 보니 그것은 아주 많은 사람들의 공통적인 고민거리였습니다. 생각해 보면 놀랄 일도 아닌 것이, 그렇기 때문에 이런저런 '속독법'에 대한 책들도 끊임없이 탄생하는 것이겠지요.

독서가 어렵다는 지극히 단순한 문제에 명쾌한 답을 내놓기란 쉽지 않습니다. 독서 하면 왠지 모르게 난해한 이미지가 함께 떠오르기 때문입니다. 게다가 속독과 같은 여러 기술이 마치 필수 요소인 것처럼 따라붙게 되면 자연스레 독서는 무언가 특별한 재능을 가진 사람에게만 허용된 행위처럼 느껴집니다. 좀 지나친 생각 아닌가, 할 수도 있겠으나 그런 이미지가 존재하는 것은 분명 사실이지요. 하지만 자신 있게 단언할 수 있습니다. 독서가 어렵다는 생각은 억측에 불과하다고 말입니다. 책을 끝까지 읽는 게 힘들고, 같은 문장을 여러 번 읽는다 해도 말이죠. 이는 현시점에서 '책 읽는 과정이 힘들다'는 것일 뿐 '책이 어렵다'는 것과는 근본적으로 다른 이야기입니다. 하지만 그 '어렵다'는 짐작이 어느새 기정사실화되어 스스로 독서와 어울리지 않는 사람이라고 단정해 버리곤 합니다. 단순히 잘못된 믿음일 뿐이지요.

물론 '나는 원래 책이 싫다'는 사람도 있겠지요. 이상한 일은 아닙니다. 하지만 이처럼 극단적인 사람은 소수일 테고, 애초에 그런 사람은 이 책을 펼쳐 볼 일도 없을 겁니다. 지금 이 글을 읽고 있는 이상, 당신은 결코 그런 부류가 아닙니다. 오히려 편안히 책 읽는 습관이 몸에 배어 즐거운 독서 생활을 누리고 싶다는 바람을 품고 있겠지요. 혹은 그 수준까지 도달하지는 못하더라도, 적어도 자신의 독서를 방해하는 장애물만이라도 어떻게든 치워 내고 싶을 것입니다. 지극히 자연스럽고 건강한 바람입니다. 그러나 현실적으로 그것이 어렵기 때문에 결국에는 다시 독서가 너무 힘들다며 머리를 싸매곤 하지요. 그럴 이유가 없는데도, 독서에 대해 필요 이상으로 소극적 자세를 취하게 되는 것입니다.

원인은 이처럼 단순합니다. 그렇다면 할 일도 간단하지요. 독서를 방해하는 장애물을 없애기만 하면 되는 것입니다.

소극적 독서에서 탈출하기

이처럼 독서에 대하여 적잖이 고민하고 있는 사람을 이 책에서는 '소극적 독자'라고 부르겠습니다. 책을 읽고 싶고, 또 가능하면 지속적으로 독서습관을 기르고 싶지만 막상 독서할 상황에 놓이면 마음이 내키지 않는다는 유형이 대부분입니다. 그러니까 독서 자체를 부정하고 있지는 않지만, 출발점에서 좀처럼 앞으로 나아가지 못해 고민하는 분들이지요. 이들은 적극적이지 않지만 그렇다고 부정적이지도 않은, 애매한 위치에 발목 잡혀 있습니다.

여기서 가장 중요한 포인트는 바로, 현재의 소극적 독자는 미래의 적극적 독자가 될 수 있다는 사실입니다. 독서에만 적용되는 이야기는 아닐 테지요. 요컨대 '할 수 없다'는 '할 수 있게 될 가능성이 있다'는 생각입니다. 이렇게 생각하면, 소극적 독자가 결코 부정적 입장에 처해 있는 것은 아니지요.

적절한 해결책만 찾게 된다면 반드시 독서를 생활화할 수 있습니다. 이 책의 존재 의의는 바로 그 해결책을 찾아서 전달하는 데 있습니다. 그렇다면 구체적으로 어떻게 해야 할까요? 이에 관해서는 뒤에서 자세히 설명하겠지만, 요점은 '받아들이는 것'입니다. 독서 생활이 만족스럽지 못하다고 하여 자신을 궁지에 몰아넣지 말고, 현재의 상태를 있는 그대로 받아들이라는 뜻입니다. 자신의 상황을 초연히 받아들이면 마음이 편해지니까요. 그러고 나면 자연스레 '그럼, 이제 무엇을 어떻게 해야 할까?' 하는 열린 자세로 이어지게 됩니다.

서평가의 독서 사정

2016년 2월에 『지독가를 위한 독서법』*이란 책을 냈습니다. 제목만 보아도 충분히 예측할 수 있듯 책을 읽는 속도가 느려서 고민하는 사람들을 위해 쓴 독서 지침서입니다. 지침서라고 하면

＊　국내에서는 『1만 권 독서법』이라는 제목으로 2017년 출간되었다.

왠지 대단한 것처럼 들리지요. 그래서 그런 책의 저자는 독서 속도가 아주 빠른 사람일 것이라 추측할지도 모르겠습니다. 물론 작가이자 서평가라는 직업상 매일 일상적으로 책을 읽고 있습니다. 수년 전과 비교하면 독서 요령도 다소 좋아졌겠지요. 그에 따라 책 읽는 속도 역시 향상되었을 것입니다. 하지만 저는 스스로의 독서 속도와 책의 내용을 정밀하게 습득하는 수준이 지속적으로 나아지고 있다고는 전혀 자각하지 못하고 있습니다. 전보다 진보했을 것이라는 막연한 생각은 있지만, 아직도 본인의 독서 생활이 100% 만족스럽지는 못한 것이지요. 일견 모순된 것 같기도 하지만, 이 역시도 '다 그런 것이려니' 하는 마음으로 받아들입니다. 독서 스타일이 완벽의 영역에 도달하는 일은 필시 없을 테니까요.

앞으로도 독서에 대해서는 궁극의 경지에 이르렀다는 큰소리를 칠 수는 없을 것 같습니다. 결국 독서란 그런 것일 테지요. 부정적인 의미에서가 아니라, 많든 적든 누구나 그런 불완전한 느낌을 가지고 있다는 것입니다. 그래서 모두 고민합니다. 내일은 오늘보다 조금이라도 진보하고 싶다고 소망합니다. 그러니 어느 정도 체념하고 받아들이는 것이 좋습니다. 조금은 불만족스러운 그곳을 출발점으로 삼으세요.

완벽히 이해해야 한다는 강박에서 벗어날 것

아무래도 우리는 독서를 공부의 일종으로 어렵게 인식하는 경향이 있습니다. 이는 책의 내용을 전부 이해해야 한다, 놓치는 부분이 있어서는 안 된다고 생각하는 강박적 사고와 직결됩니다. 마치 수도승이 수행하는 것처럼 엄중하게 말이지요. 독서를 하면 우리 안의 무언가가 바람직한 방향으로 변화합니다만, 그것이 결코 '절대적인 무엇'일 필요는 없습니다. 심리학 책을 읽고 나서 모든 내용을 상세히 기억하지 못한다 해도, 이후의 인간관계에서 도움을 받는다거나 상대를 존중하는 계기가 되었다고 한다면 이는 자신에게 매우 의미 있는 경험이라 할 수 있을 것입니다.

엄청난 기억력과 이해력을 가진 사람이 세상에 존재하는 것 또한 사실입니다. 우리는 무심코 그런 상대와 나를 비교하며 비관적 정서에 빠지곤 하지요. 하지만 그토록 굉장한 독서, 즉 모든 내용을 이해하는 독서를 실천할 수 있는 사람은 기본적으로 아주 드물다는 사실을 잊어서는 안 됩니다. 그들은 군계일학처럼 돋보이기 쉽지만, 그것이 일반적인 기준이 될 수는 없습니다. 절대다수의 사람들은 책을 아무리 열심히 읽는다 해도 당연히 모든 것을 기억하지는 못하고, 이해하지 못하는 부분도 분명 있으니까요. 말하자면 그것이 보통입니다. 평범한 것이 왜 나쁜가요? 우리는 좀 더 당당해질 필요가 있습니다. 독서에 관한 스트레스의 원인은 이처럼 비범함을 추구하는 데 있습니다. 많은 사람들이 이 지점에서 괴로워하며 멈춰 서 있는 것이지요. 이쯤에서 저는 잠시 기분을 전환한 다음 편안한 마음으로 책과 마주할 것을 제안하고 싶습니다. 그것이 시작입니다. 모처럼 찾아온 아까운 기회를 놓치지 마세요.

독서는 나만을 위한 경험

앞에서도 언급한 저의 전작은 책 읽는 것을 좋아하지만 독서 속도가 느리고 내용을 잘 기억하지 못하는 것이 고민인 분들을 대상으로 집필한 것이었습니다. 그와 비교했을 때 이번 책은 책과의 거리가 그보다 조금 더 먼, 다소 '소극적인' 독자를 위해 쓴 것입니다.

- 책을 읽어도 좀처럼 진도가 나가지 않는다.
- 어떤 책을 읽어야 할지 모르겠다.
- 막상 읽기 시작해도 독서가 오래 지속되지 않는다.
- 집중하기가 어렵다.
- 읽자마자 내용을 잊어버린다.
- 독서 속도가 느리다.

- 만족스럽게 책을 읽지 못하는 자신이 싫다.
- 그래서, 독서가 싫다.

우선 위에서 나열한 것과 같은 마이너스 요소를 포함한 독서, 즉 '소극적 독서'를 그만둬야 합니다. 그 대신 자신에게 가장 잘 맞는 발전적인 방식으로 독서를 습관화하는 것을 목표로 삼으세요. 이는 매우 단순하면서도 명확한 해결책입니다.

지금부터, 걷고 있다고 상상해 보세요. 그런데 돌멩이 몇 개가 나의 행보를 어렵게 만들고 있습니다. 말하자면 이 돌이 마이너스 요소인 것입니다. 길에 돌이 굴러다니면 걷는 데 방해가 되지요. 하지만 잘 살펴보니 그리 무거운 돌이 아니라서 무리 없이 치워 낼 수 있을 것 같습니다. 이제 길 옆으로 돌을 치워 내고, 걷기 편한 길을 만드세요. 그러고 나서 걸어가다 보면 잠시 후 갈림길이 나타납니다. 이때는 육감적인 판단으로 좋아 보이는 길, 마음 편히 나아갈 수 있을 것 같다고 느껴지는 길을 골라 계속해서 걸음을 옮겨 나가면 됩니다. 이것이 바로 독서 습관화의 본질입니다.

잊지 마세요. 독서는 다른 누구도 아닌 자기 자신을 위한 것입니다. 주변의 어떠한 의견에도 휘둘릴 필요 없습니다. 나만을 위한 독서 방식을 찾아낼 수 있다면, 그 방식으로 반드시 독서를 습관화할 수 있습니다.

1 장

책과의 관계를 개선하자

2장

책이 읽고 싶어지는 독서 기술

4 장

자
기
만
의

독
서
법

부
록

**1%가 남는
Book List**

1
장

책과의
관계를
개선하자

독서습관 '개선'에 필요한 것

나만의 독서 방식을 찾는다

책을 읽는 방법에 대해 이러쿵저러쿵 거론한다는 것 자체가 애초부터 난센스다. 〈머리말〉에서도 언급했듯 독서 스타일은 사람마다 다르기 때문이다. 독서법 책은 흔하지만, '이렇게 해야만 한다'는 절대적 독서법 같은 것은 있을 수 없다. 다만 소극적 독서에서 벗어나기 위해서는 자신의 독서 방식에 대해 생각해 볼 필요가 있다. 아니, '나에게 맞는 독서 방식을 찾는다'는 표현이 더 적합할지도 모르겠다.

단순하게 생각해 보자. 현시점에서 독서 행위가 원활히 이루어지지 않고 있다면, 그것은 '나에게 맞는 독서 방식을 찾지 못한 상태'에 있다는 뜻이다. 그렇다면 '읽기 힘들다' '읽을 마음이 생기지 않는다' '읽어도 진도가 나가지 않는다' '내용이 기억나지 않는다' '독서습관이 붙지 않는다' 등의 여러 종류의 벽에 부딪히는 것이 당연하다. 길을 모르면 앞으로 나아갈 수 없기 때문이다.

여기서 필요한 것은 독서 상황 '개선'이다. '개선'은 토요타의 작업 현장에서 많이 쓰이는 용어로, 현장을 중심으로 작업의 군더더기와 모순을 재검토하고 고쳐 나가자는 발상이다. 비즈니스 세계에서 좀 더 친숙한 이 사고방식은 개인의 일상생활에도 응용할 수 있다. 독서 역시 마찬가지다. 독서와 관련해 고민하는 사람들은 대부분 '독서의 상식'이란 것에 휘둘리고 있는 경우가 많다. 하지만, 그 상식이란 대체 누가 만든 것인가? 아무도 대답하지 못할 것이다. 우리가 의식해야 할 것은 나에게 맞는 독서 방식을 알아내는 일이다.

'자유롭게 낙서하기'로 독서 목적을 파악한다

'책을 좀 더 많이 읽고 싶다' '독서습관이 몸에 뱄으면 좋겠다' 등 독서 상황을 개선하려는 이유는 사람마다 다양하다. 독서를 통해 얻고 싶은 무언가가 각자의 마음속 깊이 존재하는 것이다. 그렇다면, 우선 자신의 내면을 직시하기 위해 '자유롭게 낙서하기free scrawl' 방법을 권하고 싶다. 자신이 생각하는 독서의 구체적 가치에 대해 떠오르는 대로 종이에 휘갈겨 써 보는 방법이다. 중요한 것은 '떠오르는 대로' 받아 적어야 한다는 것. 너무 깊이 생각하지 말고 순간적으로 떠오르는 것을 연달아 써 나간다. '타인의 사상을 접해 본다' '생소한 분야에 대해 알아본다' '혼자만의 시간을 즐긴다' '현실 도피 수단' '좋아하는 작가나 연예인의 머릿속을 들여다본다' 등등. 규칙 같은 것은 전혀 없다. 자신의 생각을 직시하는 것, 자신에게 중요한 무언가를 찾아내는 것이 목적이므로 어떠한 대답이라도 상관없다. 가능하면 종이가 가득 찰 때까지 써 보자. 이를 통해 자신의 본심과 마주하는 것이다.

더 이상 아무것도 떠오르지 않는 상태에 이르렀다면, 종이를 들고 찬찬히 바라보며 그 안에서 '특별히 중요한 5개 항목'에 파란 펜으로 동그라미를 그려 표시한다. 이런저런 생각들을 한바탕 쏟아 낸 뒤 정제하는 과정을 거치는 것이다. 이 과정만으로도 독서 목적의 윤곽이 상당히 분명해진다. 그런데, 아직 한 단계가 더 남았다. 이번에는 '특별히 중요한 3개 항목'을 빨간 펜으로 표시한다. 내 생각의 핵심에 더욱 가까이 다가가기 위한 과정이다. 최종적으로 한 가지가 남도록 좁혀 나갈 수도 있지만, 3개 항목을 선택한 단계에서 필시 마지막 한 가지가 무엇인지 판단할 수 있을 것이다. 이렇게 선택된 항목들이 바로 '내가 독서를 통해 얻고 싶은 것'이다. 이제 그것을 실현하기 위한 방법을 고민하며 최적의 독서 방식, 독서 속도 등을 알아 가면 된다.

독서에 대한 생각, 책을 대하는 방식 등은 독서 경험이 쌓이면서 변화하기도 한다. 따라서 가끔은 '자유롭게 낙서하기'를 통해 그때의 내 생각을 끌어내 보는 기회를 가져 보자.

2가지 'must'에서 자유로워질 것

나의 독서 상황을 개선하기 위해 반드시 되짚어 볼 문제가 있다. 우리의 독서에 '쓸데없는 must'가 있었다는 것, 즉 이러저러해야 한다는 어떤 규칙에 지배되어 왔다는 사실 말이다. 원래는 독서를 독려하기 위해 존재했던 그 규칙들이 오히려 우리의 독서 의욕을 떨어뜨리고 있는 것이 사실이다.

그렇기에 다음의 두 난센스, '쓸데없는 must'를 지금 당장 머릿속에서 지우기 바란다.

① 정독을 통해 책의 내용을 모두 머릿속에 집어넣어야 한다.
② 시간을 효율적으로 쓰기 위해 속독을 해야 한다.

사실 쓸데없는 말이라고 무시해 버리기도 어려운 것이, 별 의미도 없는 이런 편견들이 책을 읽고 싶은 순수한 기분을 사라지게 만들기도 하기 때문이다. 따라서 편견에 찬 규칙들은 적극적으로 지워 버리고, '나다운' 독서 방식을 찾아내 그것을 습관화하는 것이 무엇보다 중요하다.

독서가 습관이 되지 않는 이유

무엇을 '개선'해야 할까?

28쪽의 목록 중 자신에게 해당하는 것을 표시해 보자. 독서에 관한 나의 본심을 알아내고 문제점을 파악하는 것이 목적으로, 좀 과장해 말하자면, 표시된 항목은 모두 자신의 '독서 콤플렉스'의 원인이다. 따라서 그 원인을 하나씩 극복해 나가면 바람직한 독서 생활에 근접할 수 있다. 독서뿐 아니라 무엇이든 그렇지만, 현재 할 수 없다는 것은 앞으로는 할 수 있게 될 가능성이 있다는 것. 그러니 지금은 표시할 항목이 너무 많아 '불만족스러운 상태'라고 해도 전혀 문제 될 것 없다.

현재의 상황을 받아들이고 그곳을 출발점 삼아 미래의 독서 상황을 개선해 나가면 된다.

【 독서에 관한 본심 목록 】

☐ 어떤 책을 읽고 싶은지 모르겠다.

☐ 책을 고르는 방법을 모르겠다.

☐ 책을 샀다는 사실에 만족한 채 읽지 않는 경우가 있다.

☐ 책을 읽으려고 했는데, 정신 차려 보니 TV나 인터넷을 보고
있다.

☐ 읽는 속도가 느리다.

☐ 같은 줄, 같은 쪽을 여러 차례 다시 읽는다.

☐ 내용이 머릿속에 잘 들어오지 않는다.

☐ 내용이 기억나지 않아 점점 짜증이 난다.

☐ 금세 질려 버린다.

☐ 독서하는 습관이 오래가지 않는다.

☐ 일 때문에 책을 읽을 때 부담을 느낀다.

☐ 독서가 잘되지 않으면 풀이 죽는다.

☐ 나는 독서에 어울리지 않는 인간일지도 모른다.

☐ 책이 싫어질 것 같다.

의무감이 '독서가 어렵다'는 착각을 만든다

자, 이쯤에서 한 번 더 생각해 보자. 많은 사람들이 그렇다고 느끼듯 그들에게 정말로 독서는 어려운 일인가, 하는 문제 말이다. 이 지점이 아무래도 마음에 걸린다. 독서가 어렵다는 사람들 중에는 문자를 계속해서 읽는 작업 자체를 힘들어하는 경우가 있을지 모른다. '현대인의 활자 기피'와 같은 문구는 지겨울 만큼 자주 눈에 띈다. 그렇다면 정말로 현대인은 아무것도 읽지 않고 있는 것일까? 그렇지 않을 것이다. 종이책을 읽을 기회는 전에 비해 분명 줄어들었다. 하지만 종이책만 '읽을 것'은 아니다. 책에 한정하지 않고 읽는 행위로만 본다면 오히려 현대인은 꽤 많이 읽고 있다. 스마트폰으로 뉴스나 블로그 등을 훑어보는 것도 읽는 행위에 포함되므로, 스마트폰을 보고 있는 사람들은 도리어 아직 기회가 있다고 봐야 할 것이다. 그들이 눈으로 좇고 있는 것은 다름 아닌 문자이니까. 그들 역시 사실은 '독서가 가능한 사람', 바꿔 말하면 잠재적 독자다. 실제로는 독서가 어려운 게 아니라 몇몇 이유로 독서에 이르는 길에 방해를 받고 있는 것뿐이다.

이들은 앞서 언급한 '쓸데없는 must'와도 공통되는, 다음과 같은 두 가지 의무감에 짓눌려 있다.

① '읽어야만 한다'는 의무감

② '이해해야 한다'는 의무감

'( )해야 한다'는 부담감은 즐거워야 할 독서를 고통스러운 것으로 둔갑시킨다. 그 근저에는 초등학교부터 중·고등학교에 이르기까지의 학교 교육이 부정적 영향을 미치고 있을 것이라고, 개인적으로 생각한다. 책을 마주할 때마다 무의식중에 '완벽히' '철저히' 읽어야 한다는 수수께끼 같은 의무감에 짓눌리는 사람이 적지 않다. 그렇게 왠지 부담스러운, 막연한 불쾌감을 떨치지 못한 채 책장을 넘긴다. 이는 결코 바람직한 상태가 아니다. 책을 어떻게 읽어야 한다는 절대적 규칙 따위는 없다.

책을 대할 때, 어떠한 의무감도 가질 필요 없다. 자유로워야할 영역에 쓸데없는 의무감이 끼어들면 균형은 자연스레 깨져 버린다.

누군가의 성공 사례는 그저 참고 사항일 뿐

게다가 이러한 의무감은 미디어 등의 영향으로 점점 더 강력한 힘을 가진다. 그 힘에 압도된 우리의 흔한 반응은 이렇다. '나도

저 사람처럼 해 봐야지.' '저 책은 꼭 읽어야 해.'

다른 누군가에게 효과적이었던 방식이 우리에게는 일종의 강박관념으로 남기도 한다. 그 사람에게 매우 유용한 수단이었으니 틀림없이 배울 점이 있을 것이다. 그러나 특정한 방식과 수단이 만인에게 유효할 리 있을까. 타인의 노하우를 무조건 따라 하다 보면 오히려 스트레스가 쌓이고 독서 자체를 부담으로 느끼게 될 수 있다. 미디어에서 소개되는 유명인의 주관적 의견에 일일이 좌우되지 말자.

자신에게 도움이 되지 않는다는 판단이 들면, 저항도 부정도 말고 그저 초연한 태도로 흘려보내는 것이다. 그렇게 평정심을 되찾은 다음 나를 위한 독서 방식에 대해서만 고민한다.

개성, 존중해 주시죠

독서는 나만을 위한 체험

무엇보다 중요한 사실이 있다. '독서는 대체 누구를 위한 것인가'라는 간단한 물음에 답해 보자. 책을 읽는 것은 나 자신이므로, 두말할 필요 없이 독서는 나를 위한 것이다. 그렇기에 여러 의미로 자신에게 가장 좋은 상태를 만드는 것이 중요하다. 이런 생각만으로도 왠지 가슴이 두근거린다. 이러한 감각은 최상의 독서에 이르기 위해 거쳐야 하는 과정이기도 하다. 나를 위한 것이라는 생각이 확실히 자리 잡고 있으면 '( )해야 한다'는 압박에도 휘둘리지 않게 된다. 독서 속도가 느려도, 읽자마자 내용을 잊어버려도, 문제없다.

누군가 내 독서 방식에 대해 비상식적이라 평하더라도, 무슨 상관인가. 부담감과 의무감에 짓눌리기 쉬운 멘탈을 단단히 부여잡고 마음의 평안을 유지하는 데에만 힘쓰자. 그렇게 스트레스가 차례차례 사라지면 독서가 또 하나의 즐거움으로 다가온다. 지극히 당연한 일인데도 타인의 주관적 견해로 인해 이것이 깡그리 무시되는 경우가 종종 있다. 독서는 나를 위한 것이라는 사실을 확실히 자각한 다음 독서 방식을 재확립하자.

독서의 본질은 자유로움

책을 고르며 표지를 살펴보고, 책장을 펼쳐 문장을 읽어 보고, 무언가를 머릿속에 담으려 애쓰고, 다 읽은 후엔 감동하거나 때론 잘못된 선택에 실망하는 것. 독서의 1부터 100까지 모두 다 나 자신을 위한 것이다. 제약이 전혀 없는 그야말로 자유롭고 편안한 행위, 그것이 독서의 본질이다. 적어도 독서에만 초점을 좁혀 말하자면 '자유분방=올바른 것'이라 할 수 있다.

그렇다면 독서에서 자유분방하다는 것은 구체적으로 어떤 의미일까? 어디까지나 참고 사항으로 필자가 생각하는 '자유분방한 태도'를 나열해 보았다. 각자 해당하는 항목에 표시해 보자. 표시된 항목이 많을수록 '자유분방한 독서'의 완성도는 높아지는 것이다. 다음의 자유분방한 태도를 기억해 나만을 위한 독서를 시작해 보자.

【 독서에 관한 자유분방한 태도 】

☐ 누가 뭐라 하든 자신이 읽고 싶은 책을 선택한다.

☐ 그 책의 가치는 자신이 결정한다.

☐ 타인의 기준이나 추천은 참고만 한다.

☐ 작품의 사회적 가치는 신경 쓰지 않는다.

☐ 자신의 취향도 가끔은 의심한다.

☐ 책 읽는 속도는 개의치 않는다.

☐ 내용을 모두 이해하지 못해도 상관없다.

☐ 저자의 주장에 반드시 공감할 필요는 없다.

☐ 자신에게 맞지 않는 책도 있다.

☐ 끝까지 읽지 못해도 괜찮다.

☐ 무언가를 느꼈다면 OK. (말로 설명할 수 없어도 OK.)

☐ 진도가 나가지 않는 책은 단념하고 곧바로 다음 책으로 넘어
간다.

☐ 무리하게 독서를 좋아하려고 하지 않는다.

독 서 습 관 정 착 을 위 한 도 서 관 활 용 법

최신 이슈를 살펴보려면 서점에 가는 것이 가장 좋지만, '독서의 습관화'라는 목적이 있다면 도서관도 이용 가치가 크다. 어느 지역이든 도서관이 있고, 누구든 자유롭게 출입할 수 있다. 카페나 레스토랑을 함께 운영하는 도서관도 많기 때문에 원한다면 하루 종일 여유로운 시간을 즐길 수 있다. 또한 도서관은 모든 장르를 망라한 책을 소장하고 있다. 따라서 관심 분야의 서적을 찾아보기 쉽고, 반대로 미지의 영역에 발을 들여놓기도 쉽다. 고가의 전집이나 서점에서는 보기 힘든 절판본 등도 열람할 수 있어 선택의 폭도 매우 넓다. 그리고 가장 큰 장점은 책을 대여해 읽을 수 있다는 것. 읽고 싶은 책 여러 권을 한꺼번에 빌릴 수 있다. 관내에서 읽는 것도 좋지만, 독서를 습관화하기 위해서는 책을 빌려 가는 것도 좋은 방법이다.

도서관 활용 단계

① 서가 안내도를 확인한다

도서관에는 어떤 책이 어디에 비치되어 있는지 표시해 놓은 '서가 안내도'가 있다. 우선 서가 안내도를 보면서 어디에 어떤 분야의 책이 있는지 파악하자.

② 천천히 거닐어 본다

도서관의 끝에서 끝까지 산책하는 기분으로 천천히 거닐어 보자. 그러다 조금이라도 눈길을 끄는 책이 있으면 멈춰 서서 책장을 펼쳐 본다. 살짝 훑어보고 관심이 생긴다면 '대출 후보'에 집어넣기. 책장에 꽂힌 수많은 책을 찬찬히 살펴보고 마음껏 목록에 추가해 보는 것이다.

이때, 현시점에서의 관심 분야에만 집중하지 않는 태도가 중요하다. 그때까지 전혀 흥미를 느끼지 못했던 장르라 해도 제목이나 장정, 삽화 등에 감각적으로 끌리는 요소가 있다면 '대출 후보'에 포함하는 것이다. 돈이 드는 것도 아니므로 마음 편히 고르면 된다. 그렇게 층 하나를 모두 확인했다면 '대출 후보' 목록이 상당히 길어졌을 터. 만약 한 번에 빌릴 수 있는 권수라면 그대로 대출하고, 대출 가능 권수를 넘었다면 고심하여 후보를 좁히는 과정을 거친다.

③ 빌린 책을 한 권씩 읽는다

대출 기간 내에 다 읽지 못해도 상관없다. 또, 막상 읽어 보니 기대에 어긋나는 책도 있을 것이다. 반대로, 사실 별 기대 없었는데 꽤 재미있는 경우는 더 많을 것이다. 그런 모든 경험이 다 나의 소중한 수확물이다.

④ 취사선택한다

다음은 '제외' 단계. 아무래도 읽기 힘든 책은 깨끗이 포기하고 제외한다. 순간적으로 끌리는 책을 고르고 과감히 버리는 감각을 몸에 익혀 보자. 이러한 과정이 독서를 습관화하는 데 큰 도움을 준다.

2
장

책이 읽고
싶어지는
독서 기술

독서로 나의 가치관을 만든다

인간은 독서를 통해 편집된다

지금까지 책과의 관계 개선에 대해 언급했다. 내용적으로는 간단하지만 매우 중요한 내용이기에 지면을 어느 정도 할애할 필요가 있었다. 이쯤에서 소극적 독자가 서둘러 알고 싶은 것은 '그렇다면 구체적으로 어떻게 해야 하는가'일 것이다. 논리 따위 집어치우고 구체적 행동 강령을 제시하라며 조바심을 내고 있을지 모른다. 그리하여 이번 장에서는 독서를 적극적으로 즐기기 위한 구체적 방법을 소개하려 한다. 독서하고 싶어지는, 그리고 독서를 원활하게 지속하는, 결국에는 독서를 습관화하는 방법이다.

필자는 힙합 문화의 초기 단계부터 그 영향을 실시간으로 받아 왔다. 그중에서도 1980년대 중반에서 90년대에 걸쳐 수많은 뮤지션들에게 큰 영향을 받는데, 그것이 정신적 자산이 되어 현재까지도 나의 내부에 살아 숨 쉬고 있다. 또한 그것은 단순히 음악적인 분야로서가 아니라 가치관에도 영향을 미쳤는데, '편집^{edit}'이라는 기법이 그중 하나다. 힙합을 축으로 한 댄스 뮤직에서 편집은 아주 중요한 요소다. 90년대 중반까지 힙합의 사운드 프로덕션을 성립시킨 것 중 하나가 '샘플링^{sampling}', 쉽게 말해 '표본추출'이라는 기법이었다. 기존의 레코드에서 필요한 부분만 샘플링해 여러 요소를 편집한 다음 완전히 새로운 사운드로 만드는 것이다. 기성품으로서의 음악을 자유자재로 편집하여 전혀 다르게 변화시키는 것이다. 이 기법은 결과적으로 전 세계 음악의 위상이 혁명적으로 변화하는 계기가 되었다. 물론 비즈니스적 관점에서 보면 타인이 만든 것을 마음대로 변형하는 것은 심각한 문제일 수 있다. 그래서 샘플링은 저작권 분야의 발전 계기가 되기도 했다.

창의성에 한정해 말하자면, 그럼에도 그 게릴라적 기법이 지극히 혁명적이었음은 부정할 수 없는 사실이다. 그러니까 창의성은, 편집에 의해 강화될 수 있다는 것이다. 독서도 마찬가지. 물론 독서 체험은 음악 작품과 같이 눈에 보이는 무언가를 만들어 내는 것과는 다르다. 설령 거기서 무언가가 탄생한다고 해도 그것은 눈에 보이지 않는다. 다만 독서의 장점에 대해 생각할 때, 그것은 매우 중요한 측면이 된다.

감동 한 조각이 창의성을 만든다

A라는 책을 읽고 내면의 울림을 느꼈다면, 독서가 끝난 후 뇌리에 A라는 감동 한 조각이 남게 된다. 마찬가지로 B라는 책에서 감동을 받았다면, 역시 B라는 감동 한 조각이 흔적을 남긴다. 이처럼 책을 읽을 때마다 축적된 A부터 Z는 자신의 내부에서 편집되고 새롭게 조합되면서 결과적으로 전에는 존재하지 않았던 형태로 모습을 변형해 나간다. 그와 같은 새로운 형태들이 모여 자신만의 가치관이 된다.

독서 체험이 쌓이고 그를 통해 생성된 조각들이 서로 뒤얽히면서 전혀 새로운 무엇, 한마디로 (그 책을 읽은) 자신만의 가치관이 모습을 드러내게 되는 것이다. 그런 의미에서 독서는 우리의 내면을 편집한다. 그리고 바로 그런 측면이 독서의 창의성이라 할 수 있다.

1
책이 읽고 싶어지는 기술

능동적으로 즐긴다

다음 단계로 나아가기 위해서는, 억지로 읽는 상태에서 자유로워질 것. 앞서 언급했듯 일단 의무감을 느끼게 되면 그때까지 즐겁게 해 왔던 일도 갑자기 지긋지긋해지기 마련이다. 경우에 따라서는 그런 부정적 감정이 '독서는 중요하니까 반드시 해야 한다' '독서를 하지 않으면 미래에 곤란한 일이 생긴다' 등과 같은 위기감을 부채질하기도 한다. 이러한 의무감과 그로 인한 초조감은 독서에 대한 호기심의 눈금을 끌어내려 버린다. 호기심이 바닥을 치게 되면 책에 손이 가지 않는 것은 당연한 일이다. 읽어야 한다는 강요를 받는 상황에서 편하게 독서할 수 있겠는가. 강요는 반감을 불러일으키므로, 무슨 일이든 상대방의 자발적 참여를 이끌어 내고 싶다면 강압적 분위기가 조성되지 않도록 주의하자. 무엇을 맛있다고 느끼는지, 어떤 음악에 감동하는지 사람마다 다 다르듯 독서도 그러하다. 음식이든 음악이든 책이든 그에 대한 사고방식이나 가치관을 강요한다면 누구나 불쾌감을 느끼게 될 테고, 그런 상태에서 긍정적 결과를 기대하기는 어렵다. 내키지 않지만 읽으라고 하니 마지못해 눈으로 글자를 바라보고만 있는 상태가 바로 그것. 능동성을 잃은 독서는 시간 낭비일 뿐, 책과는 점점 멀어질 수밖에 없다.

억지로 읽는 상태에서 해방되기 위한 방법은 의외로 단순하다. 그저 독서를 즐기면 된다. 너무나 당연한 해결책이라 김이 샐지도 모르겠지만, 현실적으로 '나는 독서를 즐기고 있다'고 단언할 수 있는 사람이 얼마나 될까? 그렇지 못한 사람들이 더 많을 테고, 이들은 필연적으로 독서를 어렵게 느낄 것이다. 무엇보다 마음이 편안해야 즐길 수 있다. 즐거웠던 독서 경험이 다음 독서에 대한 적극적 호기심을 만든다. 중요한 것은 능동성이다. 기존의 독서 방식을 수동적으로 따라 하면 독서가 지루해진다. 스스로 직접 기준을 만들고 지켜 나가 보자. 능동성을 되찾으면 독서는 틀림없이 짜릿한 자극을 주는 즐거운 취미 활동이 될 것이다.

입력에서 한 단계 나아간다

사회생활을 하다 보면 업무를 위해 특정 책을 꼭 읽어야 하는 경우가 발생한다. 그 자체는 어쩔 수 없는 일이지만, 그런 경험이 독서를 부담스럽고 성가신 이미지로 낙인찍을 가능성이 크다. '독서=일 또는 의무'라는 공식이 만들어지는 것이다. 하지만 정말로 가치 있는 독서는 불가피한 사정 따위 없는 순수한 독서다. 이러 저러한 상황이 끼어들지 않을 때 독서는 더욱 자유로워지고, 그렇게 자유분방한 독서는 우리에게 많은 것을 안겨 준다. 책을 읽은 후 우리는 종종 예상치 못한 무언가를 얻은 것 같은 기분이 드는 것이다.

책을 읽는 자신의 머릿속을 집이라고 상상해 보자. 의무적으로 읽어야 하는 상황에서 독서는, 달리 말해 '입력' 작업이라고 볼 수 있다. 인출한 정보를 저장하는 것이 목적이다. 즉, 입구밖에 없는 건물 속에 계속해서 정보라는 짐을 쌓아 가는 것과 같다. 일단 정보를 차곡차곡 쌓은 후에는 그것을 다시 빼내어 응용하는 일이 거의 일어나지 않는다. 또한 짐을 쌓아 두기만 하므로 공간은 점점 부족해진다. 레이아웃 변경을 고려할 여유도 아예 없다. 한정된 공간에 미동도 없이 짐이 적체되어 있으므로 건물이라기보다 정보를 보관하기 위한 창고로 보는 게 더 적합할지도 모르겠다.

통풍이 잘되는 집

한편 자유분방한 독서의 경우는 어떨까? 무엇을 어떻게 읽든, 무엇을 흡수하고 무엇을 버리든, 얻은 것을 어떻게 처리하든 스스로 판단한다. 입력도 출력도 내키는 대로 하면 된다. 자신의 흥미 안테나에 걸린 것을 자유롭게 수납할 수 있어야 하므로 입구와 출구가 많은 집이 필요하다. 정면에 현관이 있고 부엌 쪽 뒷문도 있다. 그 외에도 숨겨진 문이 여기저기 많다. 그렇게 많은 입구에서 자신의 호기심을 자극하는 다양한 것들이 끊임없이 들어오므로 당연히 기분도 좋다. '저건 여기 놓을까?' '이건 여기 모아 두자.' 하며 스스로 배치를 고민하고 그것들을 보기 좋게 정리하고 싶어진다. 때로는 전체적으로 배치를 바꿔야 할 수도 있겠지만 그것 역시 재미의 한 요소. 좋아하는 것, 흥미를 끄는 것들로 채워진 공간을 자신의 뜻대로 배치하면서 재구성할 수 있는 것이다.

출입구가 많은 만큼 통기성 역시 탁월하여 더할 나위 없이 쾌적하다. 자신만의 레이더망에 걸린 온갖 것을 열심히 수집한 후 뒤죽박죽 어수선한 상태가 되면 스스로의 감각으로 재구성, 즉 '편집'한다. 결과적으로 그것들은 자신에게 가치 있는, 전혀 새로운 무언가로 탈바꿈하는 것이다. 여러 책에서 쏙쏙 뽑아낸 기존의 정보를 자신만의 가치 있는 무언가로 다시 창출할 수 있게 된다는

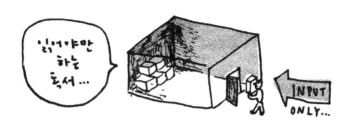

것, 참으로 가슴 뛰는 일이다.

100%에 집착하지 않는다

독서에서 무엇보다 중요한 건, 책 속에서 자신에게 진정으로 가치 있는 '1%'를 찾아내는 일이다. 우리는 한 권의 책을 마주할 때 무심코 '여기 쓰여 있는 모든 내용을 흡수해야 한다'는 강박관념에 빠지기 쉽다. 그것은 좀처럼 빠져나오기 힘든 고정관념이기도 하다. 직접 돈을 지불해 구입한 책이든 도서관에서 빌린 책이든 선물 받은 책이든 마찬가지다. 가능하면 전부, 그게 무리라면 최대한 많은 것을 얻어야 한다는 감정이 늘 따라붙기 마련이다. 바로 그 생각이 독서를 어렵게 만든다. 마음은 충분히 이해하지만, 과연 이를 옳다고 볼 수 있을까.

우리는 책의 내용을 모두, 완벽히 흡수할 수 없다. 그것은 현실적으로 불가능하다. 물론 이 세상에는 눈에 들어온 활자를 전부 기억할 수 있다거나 엄청나게 빠른 속도로 읽을 수 있는, 천재적 독서력을 가진 사람도 존재할 것이다. 그러나 그런 사람들은 극소수에 불과하다는 사실을 잊지 말 것. 평범한 인간 대부분이 망각의 동물이다.

목표는 '가치 있는 1% 독서'

잘 생각해 보면 너무나 당연한 이야기다. 그런데도 자신의 기억력을 탓하며 심각한 자기연민에 빠지고, 그것이 독서를 점점 힘들게 하는 악순환을 만든다. 하지만, 책의 내용을 100% 이해하고 흡수해야 할 필요가 없다면?

'나만의 1%'란 말 그대로 자신에게 가치 있는 문장이나 구절, 또는 말로 표현할 수 없는 느낌, 감상 등을 뜻한다. 100%를 기억하는 것은 무리지만 그 책에서 나에게 가치 있는 1%를 남겼다면 100%와 동등한, 아니 그 이상의 가치가 창출된 것이다. '겨우 1%?'라며 무시할지도 모르지만, 무리해서 100%를 기억하려다 대부분을 망각하는 것보다는 수확이 훨씬 크다. 그 1% 덕분에 나만이 느끼는 그 책의 가치는 월등히 커진다. 그 1%를 찾아낸 책은 감히 내다버릴 수 없는 책이 된다. 평생 기억에 남는 책이 되는 것이다. 1%를 찾아내는 일은 이토록 중요하다. '1% 독서'는 '100% 독서'와 적어도 동등하거나 그 이상의 가치가 있다. 그렇다면, 그 1%를 어떻게 찾아내야 할까?

1%를 찾아내는 프리 스크랩

독서를 호흡에 비유한다면, 들이마시기(읽기)뿐 아니라 내쉬기(쓰기)도 매우 중요하다. 책에 쓰인 내용을 읽고 받아들인다는 점에서 독서는 기본적으로 '입력=저장 stock' 작업이다. 그러나 단순히 채우기만 해서는 포화 상태가 되므로 곤란하다. 그렇기에 필자는 '출력'의 수단으로 다음과 같은 세 가지 방법을 제안해 왔다.

- 1줄 샘플링(기억에 남는 구절을 적는 방법)
- 1줄 에센스(최고의 1행을 골라내는 방법)
- 1줄 리뷰(감동한 이유를 쓰는 방법)

물론 이는 소극적 독서에서 벗어나기 위한 방법으로도 활용할 수 있다. 단, 이 세 가지 방법은 책 읽는 습관이 어느 정도 형성되어 있는 사람에게 적용할 수 있으니 참고하자. 이 책에서는 이러한 세 가지 '1줄 방식'을 만들어 낸 계기가 된, 한층 초보적이지만 독서를 습관화하는 데 매우 중요한 수단을 소개하고자 한다. 바로 '프리 스크랩'이다.

프리 스크랩은 '1줄 방식'들에 비해 간단하면서도 감각적인 방법이다. 그날 읽은 책에서 인상적이었던 구절, 표현, 묘사, 대사 등의 단편을 낙서처럼 자유롭게 적어 두는 것이다. 문장화하는 것이 목적이 아니라 일종의 콜라주나 스크랩에 가까운 감각적 행위다. 문장이든 구절이든 또는 글에서 영감을 받아 그린 일러스트든 만화든, 자신이 정해 둔 하루치 공간에 자유롭게 기록하면 된다. 어린 시절 썼던 그림일기에 '규칙 없음'을 추가한 상태라고 하면 좀 더 쉬울까. 이때, 깔끔하게 정리하려고 애쓰지 않는 것이 무엇보다 중요하다. 그날의 독서가 나에게 남긴 기억의 단편을 떠오르는 대로 기록해 두는 것, 달리 말해 그저 보관해 두는 것만이 목적이므로 보기 좋게 정리할 필요 없다. 정리는 미뤄 두고, 콜라주하듯 기록해 보관해 두면 더욱 감각적이면서도 솔직한 아웃풋을 기대할 수 있다. 여기에는 결과적으로 자신의 내면이 나타나게 되므로 내가 어떤 부분에 흥미를 느끼는지, 무엇을 좋아하는지 등 미처 알지 못했던 나 자신과 만나게 될 가능성도 높다.

5분이든 10분이든 1시간이든 상관없다. 매일 프리 스크랩에 일정한 시간을 할애해 보자. 독서습관이 조금이라도 붙었다면 일기 대신 프리 스크랩을 습관화하는 것도 좋은 방법. 읽는 행위 외에도 책과 나 사이에 또 다른 관계를 맺게 되는 것이며, 이는 결과적으로 '장기 기억'으로서 뇌리에 깊게 각인될 가능성이 높다.

프리 스크랩 3단계

① 마음에 드는 노트와 펜을 준비한다.

맨 처음 해야 할 일은 필기도구를 갖추는 것. 대수롭지 않게 여길지도 모르지만 사실 이 단계가 의외로 중요하다. 쓰는 즐거움은 '지속'을 위한 매력적인 미끼이므로. 그렇다고 비싼 것을 사라는 의미는 아니다. 디자인이든 실용성이든 이유는 무엇이든 좋으니 내 마음에 쏙 드는 필기도구를 선택하라는 것이다. 펴 두기 좋은 스프링노트도, 들고 다니기 간편한 A5 사이즈 노트도, 동기 부여에 도움이 되는 컬러 펜이나 추억의 연필도, 뭐든지 OK.

② 1쪽을 하루치 공간으로 정한다.

프리 스크랩은 일기에 가까운 작업이므로 매일 지속하는 것이 이상적이다. 하루에 한 쪽씩 채워 나가면 나중에 되짚어 보기도 쉬울뿐더러 1일, 1주, 1개월 등으로 기간을 늘려 가며 독서습관에 리듬감을 부여할 수 있다.

③ 스크랩 내용과 방식은 자유롭게!

자유롭게 스크랩을 하라지만 무엇을 어떻게 해야 좋을지, 하며 갈피를 잡지 못하는 사람들을 위해 몇 가지만 제시해 볼까. 인상적인 장면이나 묘사에서 자신이 느낀 점을 끄적여 보거나 '이것이 이 책의 키워드일지도?' 하고 순간적으로 뇌리를 스친 말 또는 처음 들어 보는 단어 등을 기록해도 좋다. 책을 읽는 도중에 마치 배경음악처럼 흘러나왔던 노래의 제목과 가수를 써 두거나 그 책과 관련된 사진, 일러스트 등을 찾아서 붙이기만 해도 충분하다. 조금 익숙해지면 기억에 남는 구절을 적어 두는 '1줄 샘플링'을 시도해 보거나 짤막하게 '1줄 리뷰'를 써 보는 것도 좋다. 그럴 용기가 있다면, 마음에 드는 페이지를 잘라 내 붙여도 괜찮다. 나를 위한 것이므로 도덕심이나 변명 따위는 필요 없다. 나중에 노트를 넘겨 보며 혼자 비밀스러운 웃음을 지을 수 있으면 된다.

이렇게 매일의 독서 체험을 차곡차곡 저장해 두면 단순히 읽기만 했을 때보다 더욱 선명한 기억을 남길 수 있다. 게다가 읽고 생각하고 고르고 쓰고 자르고 붙이는 등의 다양한 행위를 통해 한층 커다란 충실감을 느낄 수 있다. 어느 순간 모아 둔 물건을 버리고 싶어지는 심술궂은 충동에만 지지 않는다면 '나의 독서사'로 길이 남을 것이다. 무엇보다 독서의 재미를 배가할 수 있는 방법이라는 점에서 추천할 만하다.

프리 스크랩

인상적인 문장, 구절, 일러스트 등
무엇이든 자유롭게 스크랩!

2 독서를 지속하기 위한 방법

일단 보류

몇 번을 읽어도 아무런 느낌이 없고, 뭔가 남기고 싶은데 읽자
마자 내용을 잊어버리는 책이 있다. 사정상 꼭 읽어야 하는데 전
혀 집중이 안 되고 도저히 진도가 나가지 않아 같은 문장을 여러
번 다시 읽게 되는 책도 있고, 혹은 알 수 없이 그냥 마음에 들지
않는 책도 있다. 그런 책들이 바로 '아무래도 읽기 어려운 책'. 누
구나 이런 책을 만나 머리를 쥐어뜯어 본 경험이 있을 것이다. 집
중해야 한다고 생각할수록 조바심이 나서 더욱 집중하지 못하게
되고, 머릿속에 내용이 하나도 들어오지 않는 것이다. 아무리 애
써도 이 악순환에서 빠져나오기 힘들기 때문에 이런 책이야말로
독서를 지속하지 못하게 만드는 원흉이라 볼 수 있다. 그러나 이
난제에 대하여 고민할 때 먼저 알아 둬야 할 것은, 읽기 어려운 책
은 누구에게나 있다는 사실이다. 그러니 누구나 겪는 흔한 일에

필요 이상으로 스트레스 받으며 더욱 심각한 악순환에 빠져들지 말자.

어떤 책이 잘 읽히지 않는 이유는 의외로 간단하다. 나와 그 책의 궁합이 맞지 않기 때문이다. 설령 궁합이 안 맞는다는 사실을 뒷받침할 만한 증거가 없다 해도, 아니 오히려 없기 때문에, 아무리 노력해도 읽기 어려운 책은 궁합이 나쁜 책이라고밖에 표현할 수 없다. 이해를 돕기 위해 인간관계에 적용해 보자. '좋은 사람 같아' '마음이 잘 맞을 것 같은데'와 같은 긍정적 마음가짐으로 다가갔는데 왠지 말이 잘 통하지 않는다. 나쁜 사람은 아닌 것 같은데 노력해 봐도 서로 겉돌기만 한다. 이는 상대방이 좋고 싫고의 문제가 아니다. 이런 상대와는 우호적 관계를 유지하려 아무리 애써도 기대만큼 잘되지 않는다. 책도 마찬가지다. 그러니 아무래도 마음이 가지 않는 책은 과감히 포기하고 다른 책을 펼쳐 보자. 그 편이 훨씬 효율적이고 합리적이다. 어쨌든 시간은 한정되어 있으므로 때로는 그러한 결단이 절실히 필요한 것이다.

독서도 타이밍

이것 역시 인간관계와 비슷한데, 읽기 어려워 덮었던 책과 일단 거리를 두었다가 어느 정도 시간이 흐른 후 다시 읽어 보면 전에는 몰랐던 재미를 느끼기도 한다. 무슨 일이든 딱 좋은 타이밍이 존재하는 것이다. 현시점에서 아무래도 읽기 어려운 책은 구석에 처박아 놓거나 아예 처분해도 좋다. 어쨌든 해당 시점에 그 책이 나의 시야에 들어오지 않게 하는 것이 중요하다. 책을 처분해 버린다 해도, 수집가들이 찾아다니는 희귀본이 아닌 이상 인연이 있는 책과는 반드시 재회하게 될 테니 염려할 필요 없다. (그렇지만 실제로 일단 처분한 책이 다시 필요해지는 경우는 거의 없다.) 읽기 어려운 책을 단념하고 나면 나에게 필요한 책, 정말 원하는 책이 어떤 것인지 더욱 분명히 알 수 있다.

관점의 문제

한편, 나와 궁합이 맞지 않는 책을 반드시 지금 읽어야 할 때도 있다. 광고회사에 다닐 때의 일이다. 오리엔테이션에서 나와는 전혀 맞지 않을 것 같은, 상대를 받아들일 생각이라고는 전혀 없어 보이는 사람을 만난 적이 있다. 자기중심적이고 공격적으로 대화를 이끌어 나가는 상대 앞에서 그 시간이 어서 끝나기를 바라며 쓴웃음을 짓고 있는데, 어느 순간 이런 생각이 들었다. '저 정도 나이라면 아마도 가정을 이루고 살겠지. 내 눈엔 그저 거칠고 무례한 남자에 불과하지만, 이 사람에게도 사랑하는 부인과 눈에 넣어도 아프지 않을 만큼 소중한 딸이 있을지 몰라.' 이렇게 문득 그의 가족을 떠올린 순간부터는 조금 전까지 절대로 좋아질 수 없겠다 생각했던 상대가 미워할 수 없는 존재로 보이기 시작하는 것이다. 거슬리던 말투도 더 이상 불편하게 느껴지지 않았다.

갑자기 이런 개인적인 경험까지 꺼내 든 이유는 독서도 이와 비슷하기 때문이다. 그러니까, 관점을 바꿔 보라는 말을 하고 싶은 것이다. 물론 극적인 변화는 없을지라도, 읽기 싫었던 책도 이렇게 관점을 바꿔 보면 일부 받아들일 수 있는 부분이 생길지 모른다. 만약 저자의 생각에 전혀 동의할 수 없는 책이라면? 거부감을 느끼는 것에서 끝내지 말고 좀 더 생각해 보는 것이다. 이 사람은 어째서 이런 사고방식을 갖게 된 것일까, 그 근거는 무엇일까, 하고 말이다. 부정적인 생각은 잠시 접어 두고 '나로선 받아들이기 힘들지만, 이렇게 사고하는 사람에 대해 한번 알아볼까?'라는 가벼운 마음으로 관점을 바꿔 보자. 오리엔테이션에서의 필자의 경험과 비슷한 감각으로, 약간의 거리를 두고 바라보는 것이다.

성취감을 지렛대로 삼는 게임적 독서법

읽기 어려운 책을 읽는 방법으로 '게임적 독서법'이 있다. 게임을 한 단계씩 완수하는 감각으로 책을 읽어 보자는 말이다. 그러기 위해서는 우선 좋고 싫은 감정을 의식적으로 배제한 채 기계적으로 읽어 나가는 자세가 필요하다. 책장을 넘길수록 성취감은 커져 가고, 그렇게 미션 완수를 거듭하며 단계가 올라가면 희열을 느끼게 되니 게임과 비슷하다. 마음에 들지 않는 책과 이런 식으로라도 관계를 쌓아 가는 것도 나쁘지 않다. 매우 단순한 방식이므로 읽기 어려운 책뿐만 아니라 모든 독서에 적용할 수 있다.

구두점 리듬에 맞춰

여러 차례 서술했듯 독서는 속도를 다투는 성질의 것이 아니다. 다만 독서를 지속하고 싶을 때 의식하면 도움 되는 것이 있는데, 그것이 바로 리듬감이다. 무의식 중에 음악의 리듬을 따라 몸을 흔드는 것처럼 글에서도 리듬을 찾아내 보는 것이다. 글에서 리듬을 발견해 흐름을 타게 되면 한 문장이 끝날 때마다 멈추거나 같은 부분을 여러 번 다시 읽는 습관이 줄어든다.

리듬감은 일정한 속도로 독서를 지속할 수 있도록 만들어 주는 비법이라 할 수 있다. 또한 말로 표현하기 어려운 뉘앙스를 느끼는 데 매우 중요한 요소이기도 하다. 마침표와 쉼표를 의식하며 글을 읽으면 어느 순간 리듬감이 생긴다. 구두점을 일종의 브레이크라고 생각하며 글을 읽으면 글 속에 리듬이 생기고, 그렇게 리듬을 타며 책을 읽으면 독서를 지속하는 일이 한결 쉬워질 것이다.

장르에 따라 속도 조절

책을 읽으며 편안함을 느낄수록 독서 속도 역시 자연스레 올라간다. 빨리 읽는 것이 목적이 아니라 결과적으로 빨라지는 것이므로 심적 부담도 없다. 또한 이후의 독서 역시 원활해지고 리듬감과 속도감도 더해진다. 그렇게 효율적으로 책 읽는 습관이 붙어 독서의 선순환이 이루어지는 것이다. 그뿐만이 아니다. 속도를 조절하는 방법을 습득하면, 특히 나와 궁합이 잘 맞는 책일 경우 독서 속도를 자유롭게 제어할 수 있게 된다. 비즈니스 관련서와 같이 효율적으로 빠르게 읽고 싶은 책이라면 속도감 있게 훑어보면 되고, 반대로 소설처럼 전체 흐름을 느긋하게 따라가고 싶은 책이라면 속도를 떨어뜨리고 좀 더 몰입한다. 이처럼 책에 따라 독서의 템포를 맞추는 일이 가능해지는 것이다. 따라서 리듬을 의식하고 그 리듬을 자기 것으로 만드는 일은 매우 중요하다.

리듬 타기 쉬운 분위기를 만든다

리듬과 템포를 의식하기 위해 음악을 이용하는 것도 투수의 변화구와 비슷한 활용법으로 기억해 두자. 개인의 취향은 각양각색이므로 모든 사람에게 적용할 수는 없겠지만, 참고해 두면 도움이 될지 모른다. 카페나 레스토랑에서 흘러나오는 음악에 자신도 모르게 영향을 받은 경험이 있다면 이해할 것이다. 차분한 클래식이 흐르는 카페에서는 무심결에 마음이 편해져서 평소라면 떠올리지 않았을 일까지 찬찬히 곱씹어 보게 된다. 반대로 템포 빠른 음악을 틀어 둔 라면집에서는 무의식 중에 평소보다 빨리, 급하게 식사하곤 하는 것이다. 그렇다면, 책과 음악을 함께 즐기는 건 어떨까. 알다시피 책과 음악의 장르는 매우 다양하다. 책 한 권과 그에 어울릴 만한 음악을 짝지어 본다면, 그 감각을 자신만의 독서 방식에 편입시켜 본다면, 독서의 즐거움이 배가되지 않을까. 이처럼 발상은 지극히 단순하다.

결국 분위기에 의존하는 것인가, 하며 미심쩍게 여길지 모르겠으나 목적은 어디까지나 '즐거운 독서를 위한 분위기를 만드는 것'이다. 음악을 활용해 이를 실현할 수만 있다면 음악을 듣지 않을 이유가 없다. 필자가 실제로 독서하거나 집필하는 중에 자주 듣는 음악을 뒤쪽의 칼럼에서 소개해 두었으니, 이를 참고로 책과 음악의 결합에 대해 생각해 보는 계기가 되었으면 한다.

3
습관을 들이는 방법

독서할 시간이 없다는 문제

소극적 독자에게서 '책 읽을 시간이 없다'는 말을 자주 듣는다. 그 답답한 심경을 모르는 것은 아니다. 출구가 보이지 않는 근년의 경제 상황 속에서 혼자 처리해야 하는 업무의 양은 늘어만 가고, 빈틈없이 채워진 스케줄을 처리하는 것만으로 하루가 끝나버리는 경우가 실제로 비일비재하다. '나도 다른 사람들처럼 한가하게 책 좀 읽고 싶다!' 항변하고 싶을지도 모른다. 하지만 잘 생각해 보자. 시간이 없어도 독서는 할 수 있다. 분명 하루 중 몇 시간을 독서에만 할애하기는 어려울 것이다. 하지만 그리 많은 시간을 들이지 않아도 충분한 것인데, 여기에도 노하우가 있다.

짧고 확실하게, 일과에 편입시킨다

독서가 습관화되지 않은 사람일수록 오랜만에 책을 손에 들고서 '자, 지금부터 읽기 시작해야지! 좋아, 표지를 넘겨 보자!' 하며 지나치게 의욕이 앞서는 모습을 보이곤 한다. 중요한 것은 어떤 방법으로든 독서를 일과로 편입시켜야 한다는 점이다. 이 닦고 샤워하는 것처럼 자연스러운 일과 말이다. 습관화가 무엇보다 중요하다. 어렵게 생각할 필요 없다. 그저 하루 24시간 중 어딘가에 책 읽는 시간을 설정해 두면 된다. 독서 시간은 중요치 않다. 무리하게 1~2시간씩 잡아 두었다가 좌절하는 것보다 10분, 20분이라도 매일 확실히 실천할 수 있도록 시간을 할애하는 편이 낫다. 시간을 길게 설정할수록 실패할 확률은 높아지는 것. 시간대가 애매한 것도 좋지 않다. '잠자리에 들기 전 언제든 30분쯤' 정도로 애매하게 설정해 둔다면 결국 그 '언제'를 확보하기란 쉽지 않을 것이다.

그렇다면 어떻게 해야 할까? 간단하다. '아침 식사 후 커피를 다 마실 때까지 10분간'이라든지 '통근 버스나 전철에서 20분간'과 같이 하루 중 어딘가에 독서를 위한 몇 분을 구체적으로 집어넣고 이를 철저히 지키는 것이다. 한마디 더 부언하자면 독서하기 좋은 시간대는 아무것도 하지 않을 때라는 것, 그리고 그런 때는 의외로 많다는 것이다. 매일의 생활 패턴과 같은 시간축 속에 독서 시간을 설정하는 것은 그리 어려운 일이 아니다.

단호한 보류로 자투리 독서를 지속한다

10분이나 20분으로 독서 시간을 정하는 데에는 그에 상응하는 이유와 효과가 있다. 대부분의 경우 미리 정해 둔 시간까지 독서를 하다 보면 마지막 시점에 그다음 내용이 궁금해진다. 말하자면 책을 좀 더 읽고 싶어지는 것이다. 조금만 더 읽을까 고민하게 되는 이때, 단호하게 책을 덮는다. 그럼 당연히 다음 내용이 더욱 궁금해진다. 점심시간이나 출퇴근 시간, 평소라면 멍하니 스마트폰을 바라보았을 그 '빈 시간'에 책을 펴고 싶어진다. 그렇게 자신도 모르게 전철 안에서 책을 펴는 일이 실제로 일어나게 된다. 직접 경험했기에 자신 있게 단언할 수 있다. 길게 보면 이러한 작은 경험들이 독서습관으로 연결된다.

조금 더 읽고 싶은 마음을 억눌러 독서 욕구를 강화하는 이 방법이 바로 '단호한 보류'다. 만약 전철 안에서 책의 다음 내용을 읽고 싶은 마음이 생긴다면 곧장 책을 펴자. 그리고 내리기 전에 읽을 수 있는 데까지 읽는다. 목적지에 닿으면 책장을 덮어 두었다가 그다음 빈 시간에 다시 펴 보자. 이렇게 미리 정해 놓은 몇 분을 토대로 자투리 독서 시간이라는 살을 붙여 나가는 것이다. 독서를 위해 1시간을 통째로 할애하는 것은 결코 쉬운 일이 아니지만, 자투리 독서라면 힘들이지 않고 실천할 수 있다. 10분의 독서 기회가 6회 있으면 결과적으로 1시간, 15분의 독서 기회가 4회 있으면 결과적으로 1시간, 20분의 독서 기회가 3회 있으면 결과적으로 1시간이다. 이런 방식이라면 틀림없이 독서를 습관화할 수 있다. 오히려 책을 펴는 시간이 기다려진다. 이것은 시간의 활용 방식, 그리고 의식의 문제다. 일단 자신에게 주어진 자투리 시간이 언제인지 파악하기 위해 일과를 재확인하는 과정부터 시작해 보자.

아무것도 하지 않는 시간을 알아차리면 일상이 바뀐다

앞서 지적했듯 '아무것도 하지 않는 시간'은 하루의 곳곳에 존재한다. 이를 인지하지 못하는 사람이 의외로 많은데, 수십 분의 공백은 우리 가까이에 있다. 일상생활 속에 너무나도 자연스럽게 숨어 있어 좀처럼 자각하기 힘든 것뿐이다. 대중교통으로 이동하는 출퇴근 시간이 대표적이다. 사람들은 대부분 그 공백을 스마트폰을 응시하는 시간으로 쓰고 있다. 그러나 그중 스마트폰을 반드시 봐야 하는 명확한 이유가 있는 사람이 얼마나 될까. 그저 무료한 시간을 스마트폰에 의지해 달래고 있는 경우가 대부분일 것이다. 귀가 후 소파에 누워 별로 보고 싶지도 않은 TV를 무심히 바라보고 있을 때도 적지 않다.

자, 이제 헛되이 흘려보내는 아까운 시간의 존재를 알았으니 그것을 효율적으로 활용하는 일만 남았다. 시간은 충분하다. 이를 활용하려는 의지와 발상이 부족한 것뿐. 책은 읽고 싶지만 시간이

【 일상 속의 아무것도 하지 않는 시간 】

☐ 아침에 눈을 떠서 일어날 때까지의 시간

☐ 집을 나서기 전 멍하니 있는 시간

☐ 출퇴근 시 대중교통 안에서의 시간

☐ 업무 시작 전 목적 없는 인터넷 서핑 시간

☐ 모든 시간대의 특별한 목적 없는 스마트폰 조작 시간

☐ 카페에서 멍하니 보내는 시간

☐ 이동 시 대중교통 안에서의 시간

☐ 귀가 후 특별한 목적 없는 TV 시청 시간

☐ 귀가 후 특별한 목적 없는 인터넷 이용 시간

☐ 입욕 중의 무료한 시간

☐ 특별히 할 일이 없는 시간

☐ 잠자리에 들어 잠이 들 때까지의 시간

없다고 변명하고 있다면 지금부터라도 생각을 바꾸자. 단, 오해하지 마시길. 그들을 무시하며 잘난 척 떠들고 있는 것은 아니다. 돌이켜 보면 필자 역시 시간이 없다는 것을 핑계로 둘러대던 시기가 있었고, 그리하여 꽤 많은 시간을 손해 보았다는 사실을 통감하고 있다. 낭비하는 시간과 그 시간의 중요성을 누구보다 잘 알고 있는 것이다.

자투리 시간을 찾아내는 데 도움이 되도록 아무것도 하지 않는 일상 속 시간의 목록을 만들어 보았다. 만일 앞쪽의 12개 항목에 전부 10분씩만 할애한다면 120분, 즉 2시간을 확보할 수 있는 것이다. 양적으로 결코 무시할 수 없는 시간이다.

사 놓고 읽지 않는 습관은 '보류 독서'로 교정

책을 사서 읽지는 않고 쌓아 두기만 하는 사람들도 많다. 직접 겪었던 일이기도 하다. 한때는 점점 쌓이는 책 더미를 바라보며 근거 없는 만족감에 젖어 들곤 했던 것이다. 책을 사 놓고 읽지 않는 일이 일상적으로 되풀이되는 원인 중 하나는 그것을 구입할 때의 의욕이 금세 사라지기 때문이다. 책을 사면서 왠지 모를 만족감을 느낀 후 집에 돌아와서는 그것을 방 한구석에 방치한다. 그러고 나서 또 다른 책에 이끌리는, 소모적 과정을 반복하는 것이다. 이러한 나쁜 습관을 가진 독자에게 독서 의욕을 북돋는 방법으로 '보류 독서'를 제안한다. '단호한 보류'와 마찬가지로 독서 욕구를 보류하는 방법이다.

보류 독서 4단계

① 책을 산다.

서점을 천천히 둘러보며 끌리는 책을 고르는 것이 출발점이다. 선택 기준은 화제성이든 제목이든 표지든 띠지의 광고 문구든, 무엇이든 상관없다. 마음이 끌리는 요소가 있다는 것이 중요하다.

② 책을 바라본다.

책을 구입한 날에는 표지나 목차 등의 본문 이전 부분을 찬찬히 살펴본다. 아직 본문은 읽으면 안 된다. 본문 이전의 한정된 정보를 토대로 본문에 대한 호기심을 강화하는 단계이기 때문. 그리고 본문의 내용을 나름대로 상상해 본다. 표지 디자인, 띠지의 문구, 목차 등을 순차적으로 보면서 감각적으로 서서히 기대감을 높여 가는 것이다.

③ 조금만 읽는다.

2~3일이든 일주일이든 책을 구입한 뒤 어느 정도 시간이 경과했다면, 다음 단계는 호기심을 자극할 만큼 한두 쪽 정도만 읽어 보는 것이다. 한 쪽을 읽었을 때 그런 느낌이 들지 않는다면 그 장을 끝까지 읽어 보는데, 재미있을 것 같은 느낌이 드는 순간 바로 책을 덮는다. 그다음 내용이 궁금해 좀 더 읽고 싶은 마음이 든다면 성공적인 것이다.

④ 세 번째 단계를 반복한다.

여기서부터는 '완만한 습관화' 단계다. 자신에게 맞는 속도로 세 번째 단계를 반복하면 된다. 이 단계에 이르면 독서에 대한 저항감도 어느 정도 약해졌을 것이다. 독서하는 즐거움을 다소나마 실감했기 때문이다. 이후로는 자신의 상태를 관찰하며 다음과 같이 '보류 독서'의 사이클을 조금씩 진화해 나간다.

보류 시간을 차츰 단축한다 ▶ 다음 독서까지의 시간을 단축한다
▶ 한 번에 읽는 양을 늘려 나간다

물론 이 과정을 의무적인 것으로 받아들일 필요는 없다. 그저 독서하는 시간 자체를 즐기는 자세가 중요하다. 이러한 과정을 되

풀이하다 보면 어느 날 문득 '보류 독서'를 의식하지 않고도 최상의 페이스가 몸에 배어 자연스레 독서하는 자기 자신을 발견하게 될 것이다.

"보류독서"

① 책을 산다

이거야!

② 책을 바라본다

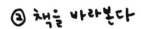

무슨 내용일까~

이
단계를
반복해
천천히
습관화
한다!

③ 조금만 읽는다

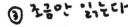

탁! 흠이 진진한데?

나의 '독서 음악'

앞서 독서 리듬과 음악 사이의 관계에 대해 언급했다. 모처럼의 기회로 삼아 필자가 책을 읽을 때 즐겨 듣는 음악을 소개하고자 한다.

개인적으로 책을 읽거나 글을 쓸 때는 주로 클래식을 듣는데, 특히 글을 쓸 때는 클래식 중에서도 오케스트라 악곡보다는 바로크나 실내악, 또는 현대음악을 선호한다. 첼리스트 알렉산더 크냐제브가 연주하는 바흐의 「무반주 첼로 조곡」, 천재 피아니스트로 알려진 글렌 굴드가 연주하는 바흐의 「골드베르크 변주곡」을 자주 듣는다. 이처럼 차분한 곡을 들으면 독서도 집필도 순조롭게 이루어지는 것이다.

한편 스티브 라이히 등의 현대음악을 들으면 왠지 모르게 창조성에 자극을 받게 되는 것 같다. 「6대의 마림바」와 같은 걸작을 들으며 책을 읽으면 창조성을 담당하는 뇌의 어떤 부분이 활성화되는 것 같은 느낌이 든다. 브라이언 이노가 제창한 앰비언트Ambient 음악도 집중력을 높이는 데 안성맞춤이다. 애당초 앰비언트는 '마치 가구처럼 방해되지 않는 음악'이라는 의미를 가지고 있기도 하다.

장르별로 나누어 보면 필자의 음악 활용법은 아주 극단적인 편이다. 예를 들어 미스터리 등을 속도감 있게 읽고 싶을 때는 8~90년대 힙합이나 펑크, 헤비메탈을 듣곤 한다. 힙합은 퍼블릭 에너미의 초기부터 중기 작품, 하드코어 펑크는 디스차지가 좋다. 가끔은 일본이 자랑하는 맥시멈 더 호르몬도 듣는다. 그들의 힘과 기세, 감각을 독서를 위한 도구로 이용하는 것이다.

비즈니스 관련 서적 역시 시간을 효과적으로 활용하기 위해 속도감 있게 읽곤 하는데, 이때는 힙합처럼 비트가 강한 음악이 오히려 속독에 방해가 될 수 있다. 그래서 이런 장르의 책에는 클럽 재즈나 월드 뮤직을 추천하고 싶다. 적당한 비트와 속도가 신경을 거스르지 않는 선에서 좋은 기분을 만들어 준다. 재즈는 소일 앤 핌프 세션의 모든 작품이 독서에 잘 어울린다고 생각한다. 런던의 저명한 DJ 질스 피터슨의 월드 뮤직 믹스 또한 최선의 선택이다.

자기계발, 종교 서적 등을 읽을 때는 역시 앰비언트 음악을 추천한다. 「Origins」와 같은 스티브 로쉬의 작품, 우리에게 그다지 친숙한 아티스트는 아니지만 데이비드 던의 필드 레코딩스 작품 등이 모두 필자의 소중한 '독서 음악'이다(엄밀히 말하자면 '음악'이 아닌 '소리'지만).

소설의 경우 순수문학과 미스터리, 오락 소설 등 세부 카테고리별로 어울리는 음악이 달라진다. 단, 플롯과 스토리를 즐긴다는 공통점에 기초하여 생각해 보면 의외로 잘 맞는 것이 싱어송라이터의 음악이다. 개인적으로 추천하는 앨범은 닉 드레이크의 「핑크 문」

지금까지, 독서 의욕을 북돋는 데 도움이 되는 나만의 '독서 음악' 목록이었습니다. 여러분도 각자에게 맞는 '독서 음악'을 선곡해 보시길.

3
장

‘독서의 벽’을
부수기 위한
제안

지금의 독서 방식을 일단 받아들인다

다시 설정, 다시 시작

지금까지 독서 상황 개선을 위한 구체적 방법을 알아보았다. 그러나, 방법은 알겠는데 실천이 어렵다면? 당초 목표로 설정했던 '나만의 독서 방식 찾기'를 가시화하는 데 중요한 사항이 하나 더 있다. 책의 서두에서도 언급했듯 현재 자신의 독서 방식을 부정하지 않는 것이다. 책을 고르는 감각, 독서 속도, 기억력, 독해력 등 자신 없는 부분까지 포함하여, 아니 자신 없는 부분을 오히려 중심에 놓고 자신의 독서 현황을 있는 그대로 바라보는 것이다. 그래야만 그것을 다시 설정할 수 있다. 리셋reset, 말 그대로 아무것도 없는 제로 상태로 되돌리는 것이다. 그런 다음 그 지점에서 다시 시작하면 된다. 이 단계에서 스스로 '제로'가 되었다고 생각할지 모르지만, 실제로는 '제로 이상'의 상태인 경우가 많다. 그때까지 쌓아 온 경험이 있기에 '+10' '+100'의 덤이 붙어 있는 것이다. 그러한 덤은 다시 시작하는 독서에서 용수철과 같은 역할을 한다.

읽는 속도가 느리다거나 내용을 금세 잊어버린다는 등 자신의 독서 상황에 여러 불만이 있겠지만, 독서하는 데 최소한의 기초는 알게 모르게 우리의 몸에 배어 있다. 재설정 후 용수철의 탄력까지 받는다면 그리 어렵지 않게 앞으로 쑥쑥 나아갈 수 있다.

비관은 금물

나이가 들수록 독서의 장애물은 더욱 높아져만 간다. 원래부터 독서와는 담을 쌓고 지낸 사람뿐 아니라 어릴 때부터 책을 좋아하고 독서를 즐겨 온 사람도 어른이 된 후 이상하게 독서 속도가 떨어졌다거나 책을 잘 읽지 않게 되었다며 고민하는 경우가 많은 것이다. 원인은 많겠지만, 직접적인 장애물을 꼽자면 바로 '일(업무)'이다. 책은 읽고 싶지만 업무가 바빠 그럴 시간을 좀처럼 만들지 못하는 것이다. 또는 시간은 있지만 스트레스가 많아서 독서의욕이 생기지 않는 상황일 수도 있다. 그와 동시에 많은 사람들이 책 이외의 미디어에 투자하는 시간이 늘었다고 입을 모으는 최근의 세태도 적잖이 영향을 미치고 있을 것이다. 그러니 이제 와서 다시 독서를 습관화하기란 매우 힘든 일일 수 있다. 시간도 많지 않고, 정신적으로도 여유가 없으며, 쾌락 중추를 만족시켜 주는 다양한 기기들이 끊임없이 생겨나는 상황에서 독서의 습관화는 불가능해 보일 수도 있다. 하지만 생각을 바꾸어 모든 장애물을 기정사실로 받아들여 보자. 독서 인구가 심각하게 줄고 있는 현재 상황을 그저 비관하는 대신 있는 그대로 수용한 다음, 출발선에 서서 이제부터 어떻게 할 것인가를 숙고해 보자.

속독을 목표 삼지 않는다

독서 속도가 느리다는 문제

좀 더 많은 책을 읽고 싶다는 바람을 여지없이 꺾어 버리는 것이 바로 독서 속도의 장벽이다. 많든 적든 누구나 한 번은 이 벽에 부딪힌 적이 있을 것이다. '나는 독서 속도가 너무 느린 게 아닐까?' '다른 사람들은 훨씬 효율적으로 책을 읽고 있는 게 아닐까?' 문득 이런 생각이 들면 불안해지기 시작한다.

속독법 관련 서적이 끊임없이 출간되는 것은 독서 속도에 대해 고민하는 사람들이 여전히 많다는 뜻이다. 그런데 이게 참 성가신 문제다. 고민한다고 좋아질 리 없는 데다가 애당초 독서 속도가 느리다고 느끼는 것은 스스로 생각하는 이상적인 독서 속도가 존재하기 때문인데, 실제로 그 기준에 도달하기란 매우 힘들기 때문에 그저 스트레스만 받는 것이다. 불가능한 일을 시도하면 필연적으로 괴로움에 빠지게 되어 있다.

속독에 대한 부담감을 버릴 것

책을 빨리 읽어야 한다는 근거 없는 생각에 우리는 왜 그런지 별다른 의문을 품지 않는 것 같다. 현실적으로 책을 빨리 읽는 데에는 한계가 있다. 당연히 각자에게 맞는 속도가 있기 때문이다. 사실 고민할 필요도 없는 일이다. 나만의 속도는 일종의 한계점이기도 하다. 따라서 그것을 뛰어넘기는 어렵다. 그런데도 깨끗이 포기하지 못하고 떨떠름한 심정으로 책장을 넘긴다. 생각해 보자. 우리의 원래 목적이 '빨리 읽기'는 아닐 것이다. 앞서 강조했듯 책을 읽고 각자의 마음속에 가치 있는 무언가가 하나라도 남는다면 소기의 목적을 달성한 셈이다.

책은 정독하여 내용을 몽땅 머리에 저장하는 것이 아니라 머릿속을 스쳐 지나가게 하는 감각으로 가볍게 훑어보는 것이다. 그렇다 해도 자신에게 꼭 필요한 부분은 머릿속에 저장된다. 그저 흘려들었을 뿐인데도 신기하게 마음에 남는 음악이 있다. 어떤 책에서 단 한 줄이라도 마음속에 선명한 흔적을 남겼다면 그것은 성공적인 독서다. 자신만의 속도로, 나에게 가치 있는 '1%'를 저장하며 읽고 있음을 실감할 수 있다면 그걸로 충분하다. 이것이 가능하다면, 독서 속도 따위는 고민할 필요조차 없다.

다양한 장르에 도전한다

현재의 주관에서 자유로워질 것

이따금씩 의식적으로 흥미 없는 분야의 책을 읽어 보자. 스스로 인식의 폭을 넓히는 데 도움을 받을 수 있는 방법이다. 흥미가 없다는 것은 그 시점의 개인적인 주관에 불과할 뿐, 우리는 각자 생각하는 것보다 훨씬 넓은 범위의 책을 허용할 수 있다. 평소에 별로 관심 없던 분야의 책을 일부러 읽게 되면 결과적으로 호기심의 용적이 커지기도 한다. 서점에 갔다고 상상해 보자. 가장 먼저 관심 분야의 책이 진열되어 있는 코너로 향할 것이다. 자신의 관심 분야를 스스로 한정하고, 그에 대해 확신하기 때문이다. 문제는 여기에 있다. 자신의 관심 분야를 고작 몇 가지로 단정하는 것은, 조금 거칠게 말하자면 아직 그것밖에 모르기 때문이며 그 이외의 영역을 받아들일 수 없다는 것은 아니다. 다른 분야에 대한 흥미와 호기심을 아직 알아차리지 못한 것일 수 있다. 이를 생각하지 못한 채 현재의 지식과 감각만으로 모든 것을 판단하려 하기 때문에 아무리 시간이 흘러도 거기서 더 앞으로 나아가지 못하는 것이다. 실로 안타까운 이야기다. 물론 자신의 관심 분야만을 읽으면서도 충분히 만족하며 살아갈 수 있다. 하지만 좀 더 앞으로 나아가고 싶다면 자발적으로 호기심의 폭을 넓혀 보자. 그동안 비즈니스 관련서나 자기계발서 분야만 읽었다면 인문서, 논픽션 등을 새롭게 접하며 자신의 독서 허용치를 늘려 가는 것이다. 새로운 분야에 대한 호기심이 싹트면 독서는 더욱 즐거운 경험이 될 수 있다.

재미없는 책이 나를 발전시킨다

시험 삼아 읽어 본 '관심 없는 책'이 예상보다 더 재미가 없었다고 하자. 일반적으로 생각하면 그 경험은 시간 낭비에 불과할 것이다. 하지만 각도를 달리해 숙고해 보면 전혀 소용없는 것은 아니다. 일단, 왜 재미가 없었을까?

① 저자의 문제(표현력, 문장력, 센스 등)
② 궁합의 문제(가치관, 사고방식 등의 차이)

③ 흥미의 문제(비관심 분야)

1과 2는 어쩔 수 없는 문제다. 누구나 개인적으로 선호하지 않는 표현 등이 있기 마련이고, 앞서 언급했듯 궁합의 문제도 결코 무시할 수 없기 때문이다. 그런데 3은 어떨까? 이 경우 우리는 어떤 깨달음을 얻게 된다. '나는 이런 분야에 관심이 없구나' 하는 깨달음 말이다. 그리고 그 지점에서 '나는 왜 이 분야에 관심이 없는가'의 방향으로 사고를 확장할 수 있게 된다. 그러고는 전체 내용 중 어떤 부분이 거슬렸는지, 그렇다면 나의 관심사는 무엇인지 등 여러 추론을 할 수 있는 것이다. 흥미 없는 책에 일관되게 등을 돌리고만 있다면 언제까지나 같은 원을 돌고 있는 것과 같다. 더 이상 관심의 폭을 넓힐 수 없는 것이다.

가끔씩 평소에 잘 접하지 않던 분야의 책을 통해 색다른 사색의 기회를 가져 보자. 그리고 자신의 기호와 사고방식을 재확인해 보자. 거기서 삶의 새로운 방향성을 찾아낼 수 있을지 모른다. 요컨대 그 책의 내용에 동의할 수 있든 없든 간에 나에게 유용한 거름이 된다는 것이다. 관심 없는 책을 읽는 일에는 결코 무시할 수 없는 가치가 숨어 있다.

중고 서점에서 시작하는 미지의 체험

그렇다면 관심 없는 책을 어디서 찾는 것이 좋을까? 개인적으로는 중고 서점을 추천한다. 필자 역시 북오프*, 그중에서도 108엔 문고본 코너를 애용한다. 108엔 균일가로 중고 책을 판매하는 이 코너에는 인기 작가의 작품이 빼곡히 진열되어 있다. 인기 작가라는 이유만으로 책을 선택하지는 않겠다는 마음으로 어깃장을 놓고 싶을지도 모르나 여기서 다시 한 번 생각해 보자. '어째서 난 이 작가에 관심이 없는 걸까?' 이러한 태도가 중요하다. 단순한 의문에서 시작해, 그렇다면 한번 읽어 보자는 심정으로 물꼬를 트는 것이다. 지나치게 오래 고민하지 말고 시험 삼아 일단 한 권 사 보자. 결과적으로 기대에 크게 어긋났다 해도 겨우 108엔을 손해 보는 것뿐이다. 그러나 경험적으로 말하자면 이러한 시도는 대부분 긍정적인 방향으로 전개된다. 읽어 보니 의외로 재미있다거나 큰 재미를 느끼지는 못했지만 인기의 이유는 알 수 있었다거나 하는 자신만의 감상평을 말할 수 있을 것이다. 한마디로 시야가 넓어진 것.

또 중요한 장점 중 하나는 이러한 미지의 체험을 해 봄으로써

※ 일본 전역에 매장이 있는 중고 서점.

마음에 여유가 생긴다는 것이다. 특정 작가나 베스트셀러에 대한 근거 없는 편견 역시 사라진다. 이 기회를 꼭 만들어 보시길. '촌스럽게 베스트셀러를 사 버렸네' 같은 고정관념이 독서 후에 '읽어 보기를 잘했다, 여러 가지로 공부가 되었어'와 같은 방향으로 전환되었을 때의 기분이란 꽤 중독성 강한 것이니 말이다.

최적의 독서 환경을 만드는 방법

서재와 큰 책장은 선택 사항

세간에 '독서가'라 불리는 사람들의 서재가 TV나 잡지 등을 통해 소개되곤 하는데, 그들의 공간을 살펴보면 공통점이 하나 있다. 당연한 이야기지만, 책이 엄청나게 많다는 것이다. 사면의 벽을 덮는 책장에 책이 빈틈없이 꽂혀 있거나, 집 전체가 서고처럼 되어 있거나, 책상과 바닥에 책이 산더미처럼 쌓여 있다. 마치 독서가라면 책에 둘러싸여 있어야 한다는 듯 말이다. 우리가 가진 고정적 이미지 중 하나일 것이다. 정리벽이 있을 것처럼 보이는 까탈스러운 사람도, 자연에 묻혀 살 것 같은 사람도, 하나같이 예외는 없다. 그러나 이미지는 그저 이미지일 뿐.

유명인의 서재와 책장을 구경하는 것은 분명 즐거운 일이다. 언젠가 이런 서재를 갖고 싶다는 바람이 독서의 동기부여가 될 수도 있다. 단, 지나치게 현혹되지는 말 것. 커다란 서재와 빼곡한 책장은 독서 생활의 필수 항목이 아니다. 그런 서재를 갖출 수 있는 사람의 수는 압도적으로 적기 때문에 그것이 조건이 되어 버리면 독서는 '저쪽 동네 사람들'만 독점할 수 있는 행위가 되어 버린다. 물질적 환경은 아무래도 상관없다. 손길 닿는 곳에 책을 쌓아 두지 않더라도 충실한 독서 생활을 영위할 수 있다. 오히려 그와 반대되는 자세야말로 21세기에 요구되는 새로운 독서 스타일이라고도 할 수 있겠다. 무엇보다 중요한 것은 자신에게 맞는 독서 환경을 찾아내어 구축하는 일이다.

나만의 '최고의 독서 공간'을 만든다

그렇다고 해서 나름대로 멋들어진 서재를 만들어 보라는 말은 아니다. 굳이 그럴 필요 없다. 그저 집의 한 공간을 자신에게 이상적인 독서 공간으로 만들어 보라는 뜻이다. 집 안에서도 왠지 모르게 마음이 안정되는 공간이 있을 것이다. 공간의 위치와 크기는 상관없다. 독신자라면 침대 옆 작은 공간, 가족과 함께 사는 사람이라면 책상 하나 정도 크기의 제한된 공간일 수도 있다. 각자의 '그곳'을 취향에 따라 이전보다 더욱 편안하게 연출해 최적의 독서 공간으로 만들어 보는 것이다. 그 결과 그곳이 좀 더 안락해진다면 그 공간에서 책을 읽는 시간이 한결 편안해질 것이다.

되풀이하지만, 큰 방이나 커다란 책장이 필요한 것이 아니다. 오히려 묘한 안도감을 주는 좁고 아늑한 공간이 책을 읽는 데에는 더 나을 수 있다.

필자의 서재

'아오조라문고'를 통한 명저와의 만남

"학창 시절엔 다자이 오사무에 심취했었지."

"난 다니자키 준이치로 작품 중에서 특히 「비밀」이 좋더라."

"그거, 여장에 관한 이야기지? 좀 야하지 않아?"

일상 속 대화에서 고전이나 역사적 명작이 화제로 대두될 때가 있다. 그러나 그런 종류의 책을 읽은 적이 없어 애매한 미소를 짓고 있을 수밖에 없었던 경험이 누구든 한 번쯤은 있을 것이다. 이러한 명저를 손쉽게 접할 방법이 있으니, 바로 '아오조라문고' 서비스다. 돈 들이지 않고 명작과 친해지는 방법이다. 이해를 돕기 위해 해당 사이트에 실린 글을 인용해 보겠다.

아오조라문고는 누구든지 접근할 수 있는 전자책을 도서관처럼 인터넷 상에서 수집하고자 하는 활동입니다. 저작권이 소멸된 작품들과 자유롭게 읽어도 되는 서적들을 텍스트와 XHTML(일부는 HTML) 형식으로 전자화하여 갖추고 있습니다. 작품 파일은 세로짜기라는 통일된 형식으로 정리했습니다. 많은 분들이 개발에 참여해 주신, 아오조라문고에 대응하는 소프트웨어를 이용하면 종이책의 페이지를 넘기듯이 작품을 읽을 수 있습니다. 이 자리를 마련한 우리의 바람은 많은 독자들이 편안하게 작품을 음미하고 자유롭게 파일을 이용하는 것입니다. 부디 아오조라문고를 마음껏 활용해 주세요.

- '아오조라문고에 대하여'에서

즉, 저작권이 만료한 작품이나 저작권이 없는 작품을 직접 수집해 편집한 것을 무료로 제공하고 있는 것. 나쓰메 소세키, 다자이 오사무 등의 대가부터 상대적으로 이름이 덜 알려진 작가의 작품까지 풍부하게 구비하고 있어 라인업을 확인하는 것만으로도 흐뭇하다. 필자는 이 서비스를 통해 1930년대의 희극인 후루카와 롯파가 쓴 에세이의 탁월함을 알게 되었다.

이 책에서 강조하고 있는 '시야 확장'의 목적을 실현하는 데 매우 편리한 서비스로, 사이트뿐 아니라 애플리케이션도 있으므로 스마트폰으로도 이용할 수 있다. 몰랐던 작가와 작품을 발견하는 기쁨을 느끼며 독서 의욕을 북돋을 수 있으니 꼭 한번 들러 보기를 바란다.

편집자 주 · 아오조라문고의 작품을 번역하여 제공하는 국내 블로그 등에서 한국어로 번역된 작품을 일부 확인할 수 있습니다.

자기만의
독서법

적극적 독서로 나를 키운다

효율적 전진을 위한 사고방식

나에게 바람직한 독서를 하기 위해 필요한 것은 무엇일까? 새삼스러운 질문 같지만, 어째서 적극적인 독서가 중요한 것일까? 어떤 의미에서 이는 우문일 것이다. 답이 너무나도 간단하니 말이다. 한마디로 적극적 독서를 통해 우리는 적극적인 사람이 될 수 있다. 그 대상이 무엇이든 부정적 사고로는 이익이 되는 재료를 창출하지 못한다. 앞으로 나아갈 것을 다짐하면서도 계속해서 뒤를 바라보듯 소모적인 상태일 뿐이다. 반면 적극적인 태도를 가지고 있다면 여러모로 이로운 점이 많다. 책을 읽을 때에도 적극적 자세를 유지할 수 있다면 다양한 이점을 취할 수 있는데, 그 장점은 다음과 같다.

적극적 자세의 7가지 장점

① 독서에 재미를 느낀다

당연한 이야기다. 독서에 재미를 느끼는 것은 독서를 습관화하는 데 매우 중요한 문제이기도 하다. 이 단계에서 재미를 느끼지 못할 경우 '독서=재미없는 것'이라는 고정관념으로 이어져 독서 자체를 부정하게 될 가능성이 높다.

책을 읽는 행위에는 다양한 목적이 있으며, 어떤 목적이든 잘못된 것은 없다. 사람들과의 대화에 끼기 위해 베스트셀러를 읽는 경우라도 자신이 납득할 수만 있다면 그 역시 당당한 목적이 된다. 단, 지식을 얻기 위해 책을 읽을 때 주의해야 할 점이 있다. 독서를 통해 전에는 알지 못했던 정보와 지식을 얻기를 기대하는 것은 너무도 당연한 일이지만, 그 의욕이 지나칠 때가 있는 것이다. 자칫 독서에서 본전은 찾아야 한다는 극단적인 발상으로 이어질 수 있는데, 특히 책을 직접 구입한 경우 더욱 의욕적으로 책장을 넘기게 된다. 지불한 금액에 상당하는 만족감을 얻으려는 보상 심리가 작용하는 것이다. 그러나 이러한 마음이 책의 내용을 전부 흡수해야 한다는 부담감으로 연결될 수 있으므로 주의해야 한다.

물론 책을 읽고 무언가 이득을 보았다는 감상평이 틀렸다고 할 수는 없으나 이후의 독서 체험에 긍정적 영향을 미치기 위해서는 '재미있다' '즐겁다'라고 느끼는 것이 무엇보다 중요하다.

② 책 자체가 좋아진다

재밌다는 느낌은 다음 독서의 원동력이 된다. 책을 읽으면 기분이 좋아지므로 그 감각을 다시 느끼고 싶은 마음이 독서를 지속하게 만드는 것이다. 실제로 책을 좋아하는 사람의 독서 욕구를 자극하는 것은 그러한 긍정적 감각이다. 다양한 기대감이 다음 독서를 향한 견인차가 되어 주는 것. 어떤 작가의 작품에 감동을 받고 나면 그의 다른 작품을 읽고 싶어지는 것도 비슷한 맥락이다.

③ 자연스럽게 지식이 늘어난다

앞서 지식 습득의 목적이 다소 위험할 수 있다고 언급했기에 여기서 다시 그것을 장점으로 포함한 것이 의아할 수 있을 것이다. 그러나 지식을 얻는 것과 지식이 느는 것은 근본적으로 그 구조가 다르다. '얻는 것'은 능동적 행위지만, '느는 것'은 필연적 결과물이기 때문이다. 무언가 쟁취하고자 하면 얻는 것에만 의식을 집중하기 때문에 균형감을 잃고 만다. 반면 의도하지 않았지만 결과적으로 늘어난 경우는 어떨까? 예상치 못했기에 만족감은 더욱 크다.

④ 호기심의 폭이 확장된다

호기심은 스스로 성장하는 데 매우 중요한 요소다. 그러나 웬일인지 나이가 들수록 그 중요성을 망각하게 되는 것 같다. 또한 과거의 경험에 기초해 자신의 호기심 영역을 제한해 버린다. 인생 경험이 쌓여 가는 만큼 지식도 축적되기 때문인데, 그 지식의 양이 어중간할수록 괜한 자존심이 함께 비대해진다. 알 만큼 안다는 듯한 태도와 자만심, 불평으로 일관하며 자신의 시야를 넓힐 기회를 스스로 막는 것이다. 아무리 생각해도 안타까운 일이다. 그런 점에서 어른과 아이는 대조적이다. 순진무구한 아이들은 무엇에든 흥미를 갖는다. 아직 경험이 적고 스스로를 규정하지 않는 데다 쓸데없는 자존심을 내세우지 않기 때문에 무엇이든 흡수할 수 있는 것이다. 아이들처럼 때 묻지 않은 시선으로 세상을 바라보며 호기심의 폭을 넓혀 보자. 타인의 시선을 의식할 것 없이 자기만의 주관과 척도를 확립하자. 그러기 위해서는 눈길을 끄는 책이 있으면 주저 없이 손에 들고 책장을 넘기는 적극적 태도가 필요하다. 그러한 태도를 유지할 수만 있다면 호기심의 폭도, 독서의 가능성도 더욱 확대될 수 있을 것이다.

⑤ 탐구심이 생긴다

호기심의 폭이 확장되면 필연적으로 모르는 것이 많아진다.

모르는 것이 많다고 느껴지면 자연히 그것을 알고 싶어진다. 그때까지는 존재 여부조차 알지 못했던 탐구심이 새로이 고개를 들게 되므로 이것 역시 적극적 독서의 장점이라 할 수 있다. 탐구심은 쉽게 사라지지 않는다는 '추가적 장점'도 있다. 이것을 알아내면 이번에는 이것과 관련된 그것에 대한 탐구심이 생긴다. 더 나아가 그것이 또 다른 것에 대한 탐구심에 불을 지피기도 한다. 계속해서 그런 과정이 되풀이면서, 결과적으로 자신도 의식하지 못하는 사이 지식의 양과 질, 폭이 점점 더 커진다.

⑥ 있는 그대로 바라보게 된다

앞서 언급한 '어중간한 지식에 따라붙는 자존심'이 그렇듯, 나이가 들수록 혹은 정보량이 늘수록 세상만사를 있는 그대로 보기가 어려워진다. 마음속으로는 좋다고 여기면서도 타인의 눈을 의식하며 그것을 선뜻 입 밖에 내지 못하는 것이다. 자신의 감정을 순순히 인정하기 어렵다 해도 가능성을 아예 차단해 버리지 말고, 일단은 수용하는 태도를 가져 보자.

과감히 선택한 책을 읽고 조금이라도 시야가 넓어졌다면 그때부터는 자신의 판단에 어느 정도 자신감이 붙게 된다. 이렇게 계속해서 새로운 것을 받아들이고 자신감을 키우는 과정을 되풀이한다. 티끌 모아 태산이다. 조금씩 축적된 자신감은 자존감을 키워 주어 정신적으로도 여유로워진다. 어깨의 힘을 빼고 열린 눈으로 사물을 바라보자. 따뜻하고 포용성 있는 인간으로 성장할 수 있는 절호의 기회를 받아들이자. 그렇게 점점 마음의 여유가 생기면, 몰랐던 것을 좀 더 알고 싶다는 의욕이 샘솟게 될 것이다. 책을 한 권씩 읽어 나가는 일은 나를 한 단계씩 성장시키는 의미 있는 행위다.

⑦ 능동적인 태도가 된다

어떤 일을 수동적으로 할 수밖에 없을 때, 우리는 자포자기하는 마음이 생긴다. 내 안에 확고한 원칙과 기준이 없기 때문에 제시된 것을 받아들일 수밖에 없다는 소극적 마음가짐이 되는 것이다. 주체적이지 못한 독서도 마찬가지다. 읽고 싶어서 읽는 것이 아니라 읽으라고 하니까 또는 읽어야만 하니까 읽는다. 그런 독서가 재미있을 리 만무하다. 그러나 지금까지 서술했듯 독서 경험을 차곡차곡 쌓아 나가면 자신도 모르는 사이 그런 소극적 태도에서 벗어날 수 있다. 지식이 늘면 그에 따라 호기심과 정신적 여유가 함께 커지기 때문에 부지불식간에 주체적인 태도를 갖게 되는 것이다.

독서 경험을 지속적으로 즐긴다

그 밖에도 장점은 많지만, 앞서 나열한 7개 항목은 특히 중요한 의미를 지니고 있다. 독서는 일회성으로 끝나는 의무적 업무가 아니라 평생을 같이할 인생 경험이다. 그러니 마음을 단단히 먹고 독서에 임하라는 뜻이 아니다. 인생 경험으로서의 독서는 어디까지나 즐겁고 편안하고 기분 좋은 것이어야 한다. 책을 읽을 때 의식해야 할 것이 하나 있다면 바로 이러한 감정이다.

지식을 얻기 위한 독서도 있겠지만, 책을 읽는 과정에서 반드시 그것을 의식할 필요는 없다. 지식은 결과적으로 독서를 통해 자연스레 얻게 되는 것이기 때문이다. 그러므로 그냥 책 읽는 과정, 그 순간 자체를 즐기면 된다. '좋은 독서'와 '나쁜 독서'가 있는 것이 아니라, '즐거운 독서'와 '즐겁지 않은 독서'가 있을 뿐이다. 만일 즐겁지 않은 독서의 폐해를 느끼고 있다면 즉시 거기서 벗어날 것. 즐겁지 않은 독서가 습관화된다면 그 굴레에서 벗어나는 것도 쉽지 않다. 책을 읽을 때에는 즐겁고 편안한 느낌을 유지하기 위해 어떻게 할 것인지, 그것만 생각하자.

여론에 휘둘리지 않는다

독서 인구가 감소한다는 문제

『지독가를 위한 독서법』이란 책＊을 낸 직후 한 인터뷰에서 이런 질문을 받은 적이 있다. "한 조사에서 현재 대학생의 ○○％는 연간 ○권밖에 책을 읽지 않는다는 데이터가 나왔는데, 이에 대해 어떻게 생각하세요?" 놀라운 조사 결과는 아니었다. 요즘은 그와 비슷한 뉴스를 질릴 만큼 많이 접하고 있으니까. 인터넷 검색을 통해서도 책을 읽는 사람이 줄었다는 사실을 증명해 주는 데이터는 얼마든지 찾을 수 있다. 그러나 책에 대한 이야기를 할 때 그런 부정적 측면을 강조하고 싶지 않다. 과거와 비교해 독서 인구가 줄어든 것은 틀림없는 사실이다. 하지만 이를 매우 우려할 만한 문제로 규정해 섣부른 결론을 내고 싶지는 않다. 중요한 것은

＊　국내에서는 『1만 권 독서법』이라는 제목으로 2017년 출간되었다.

그러한 숫자나 데이터가 아니다. 서점에 가면 여전히 책을 찾아다니는 사람들, 손에 든 책을 훑어보는 데 열중하고 있는 사람들의 모습을 흔히 볼 수 있다. 규모가 큰 서점은 대부분 늘 사람들로 북적인다. 도서관이나 중고 서점도 마찬가지다. 요컨대 책에 관심을 가지고 있는 사람들이 아직 많다는 것이다. 그들을 숫자 데이터로만 판단해서는 안 된다. 사람들이 책을 읽지도 사지도 않는다며 소란스럽게 떠들 것이 아니라, 현재 책을 읽고 있는 사람들의 가능성에 초점을 맞추는 편이 훨씬 더 생산적인 태도일 것이다. 한마디로, 부정적인 분위기에서는 아무것도 좋아지지 않는다는 이야기다.

과거를 돌아보면 단카이세대團塊世代 * 역시 학창 시절에 '요즘 젊은이들은 책을 읽지 않는다'라는 이야기를 듣곤 했다. 필자보다 15세 정도 많은 연배인데도 말이다. 그 무렵 대학생들이 만화만 보고 책을 전혀 읽지 않는다는 보도를 자주 접했던 기억이 선명하다. 말하자면 독서 인구 감소의 문제는 최근 들어 새로이 대두된 현상이 아니라는 것이다. 그 시절과는 자릿수가 다르다고 할 수 있겠으나 구체적인 숫자는 차치하더라도 비슷한 성격의 조사 결과가 수십 년 전부터 발표되어 온 것은 사실이다. 독서 인구가 상

※ 1947년에서 1949년 사이에 태어난 일본의 베이비 붐 세대

향 곡선을 그리지 못하고 있는 것은 안타깝게도 틀림없는 사실이다. 출판계가 여전히 불황에 시달리고 있는 것도 이 때문이다. 그렇지만 아직 책을 좋아하고, 책 읽는 것을 즐기는 독자가 남아 있다는 사실은 분명 희망적이다. 또한 이제부터라도 책 읽기를 시작하려는 독서 입문자의 의욕을 꺾지 않기 위해서라도 독서 인구의 감소에 대해 너무 절망적으로 생각할 필요는 없다는 것이다. 계속해서 강조했듯, 독서 행위는 우리에게 너무나 많은 장점을 가져다준다.

독서는 어디까지나 개인적 경험

뉴스에서 뭐라고 하든, 책을 읽는 것은 독자 개인의 문제라고 받아들이는 초연한 자세가 필요하다. 우리 같은 독자들은 한 개인으로서 읽고 싶을 때 읽고 싶은 책을 원하는 만큼 읽으면 된다. 독서는 어디까지나 개인적 경험인 것이다. 이쯤에서 앞서 언급한 인터뷰 이야기로 돌아가 보자. 요즘 젊은이들은 책을 읽지 않는다는 식의 화두에 전부터 반감을 느끼고 있었기에 그 질문을 받았을 때 나는 이렇게 대답했다. "그런 데이터까지 있다고 하니, 틀림없는 사실이겠지요. 그렇다고 해서 그 문제에 대해 지나치게 걱정하는 건 아무런 의미가 없다고 생각합니다. 너무 부정적으로 바라보면 건설적인 해결책도 나오지 않을 테니까요."

애당초 인터뷰의 논조 자체가 고압적이지 않은가. 그래서 이 화두를 단순한 토론 주제로 삼아 이러쿵저러쿵 떠들기도 꺼려진다. 그보다는 각도를 달리해 독자들이 어떤 생각을 하고, 어떤 것을 요구하고 있는지에 대해 건설적이고 구체적으로 고민해야 한다고 생각한다. 폼 잡는 게 아니다. 진심으로 그렇게 생각한다. 단언컨대, 책이 팔리지 않는 이유와 사람들이 책을 읽지 않는 이유에 대해 핏대를 올리며 토론하는 것은 불필요한 에너지 소모일 뿐이다. 중요한 것은 나만의 독서를 소중히 여기는 태도다. 극단적으로 100명 중 99명이 책을 읽지 않는다 해도, 남아 있는 1%인 나에게 독서가 소중한 것이라면 그것은 분명 의미 있는 일이다.

독서는 일종의 라이프스타일

선곡하듯 책을 고른다

요즘에는 디지털 오디오 플레이어나 스마트폰에 자신이 좋아하는 곡들만 엄선해 나만의 플레이 리스트를 만들어 두고 음악을 듣는다. 이러한 방식의 매력은 어떤 제한도 규칙도 없다는 것. 자신이 원하는 노래를 신중히 선택해 적절한 시간과 장소에서 들으면 된다. '이 곡 뒤에 이 곡이 오는 것은 이상하다' '이 흐름은 기준에 어긋난다' 등의 까다로운 규칙 따위는 없는 것이다. 대부분 장르를 가리지 않고 단지 '듣기 좋다'는 자신만의 기준으로 노래를 고른다. 말하자면 나만을 위한 큐레이션인 셈이다. 그리고 이렇게 자유롭게 즐기다 보면 새로운 취향의 음악도 열린 자세로 받아들이게 된다. 독서도 이와 똑같다. 그렇지 않아도 장애물이 많은 독서 활동에 의무적인 제약까지 따라붙는다면 책을 읽고자 하는 의욕은 금세 꺾이고 말 것이다. 모처럼 불붙은 독서 의욕이 그렇게 사그라들도록 내버려 둘 수는 없다. 책을 대할 때에는 편안한 마음으로 어깨의 힘을 빼자. 마치 듣고 싶은 노래를 선곡하는 감각으로 가볍게, 끌리는 책을 고르면 된다.

말로 표현할 수 없는 감각의 중요성

이쯤에서 책(독서)의 매력에 대해 생각나는 대로 나열해 볼까?

- 이야기에 마음이 설렌다.
- 도움이 된다(혹은 그런 기분이 든다).
- 이득을 본 것 같다.
- 흥분된다.
- 다 읽은 후 충실감을 느낀다.
- 성취감이 있다.
- 읽을수록 왠지 자신감이 생긴다(혹은 그런 기분이 든다).
- 장정이 마음에 든다.
- 책장을 넘길 때의 감촉이 좋다.
- 종이 냄새가 좋다.

다 쓰고 보니, 전부 여태 언급해 온 '나 자신을 위한 것'뿐이다. 독서는 타인을 위한 것이 아니므로 당연한 결과다. 어렸을 때, 하드커버의 아동서를 선물 받고 '이 책은 특별히 더 소중히 다뤄야지' 하고 다짐했던 기억을 떠올려 보자. 그러한 감정에는 책의 내용에 대한 기대감이나 책 자체의 질감 등에서 연유하는, 말로 표현하기 어려운 기쁨이 존재했을 것이다. 이런 막연한 기쁨이야말로 책을 대하는 방식의 본질이라고 할 수 있다. 말로 표현하기 어려운 그런 감정이 우리의 독서 의욕을 북돋아 주는 것이다.

물론, 그 책에서 구체적으로 어떤 것을 얻었는지와 같은 문제도 중요하지 않은 것은 아니다. 그러나 그 이상으로 중요한 것은 그 책으로 인해 왠지 모르게 기분이 좋아졌다는 감각 그 자체다. 무언가를 흡수하거나 습득하는 과정은, 먼저 그런 막연한 기쁨을 느낀 후에 따라오는 것이다. 아이든 어른이든 똑같다. 앞에 있는 책이 아동서든 비즈니스 관련서든, 어떤 이유로든 독서를 긍정하고 즐기는 자세가 중요한 것. 이것만 가능하다면 나 자신에게만큼은 절대적으로 올바른 독서라 할 수 있다. 독서란 원래 그래야만 하는 것이다. 정형화된 독서 방식에 우리를 퍼즐 조각처럼 끼워 맞출 필요 없다. 독서에는 단지 마음껏 읽어도 좋은 자유만이 있을 뿐이다.

독서의 행복한 습관화

매일 습관처럼 반복하는 일이 있을 것이다. 그러한 습관이 각자의 일상에서 얼마나 큰 의미를 지니고 있을지 생각해 보자. 예를 들면 오전에 커피를 마시며 아무 생각 없이 멍하니 보내는 10분쯤의 시간, 우리의 마음을 차분하게 만들어 주는 이러한 시간은 실질적으로 그 시간 이상의 가치를 지니고 있다. 매일의 습관 외에도 자신만의 시간 사용법이 있을 것이다. 미술관에 들러 왠지 이끌리는 그림 앞에 하염없이 앉아 있다든지, 퇴근길에 일부러 버스를 길게 타 이런저런 상념에 빠진다든지 하는 자기만의 방법으로 기분 전환을 하고, 때로는 이 시간을 통해 문제 해결의 실마리를 찾기도 하는 것이다.

이처럼 자신을 편안하게 해 주는 시간에는, 설령 그것이 다른 사람 눈에는 쓸데없는 시간 낭비로 보일지라도, 절대적인 가치가 있다. 일상생활 속에 이러한 나만의 소중한 시간이 있다면, 또 그 시간의 변주가 많을수록 하루하루가 더욱 풍요로워진다. 그러니까, 독서를 그 변주 안에 포함해 보자는 이야기를 하고 싶은 것이다. 무엇보다 중요한 것은 독서하는 시간을 편안하게 느끼는 것, 즐기는 것이다. 반복되는 일상 속에서 나를 행복하게 만들어 주는 요소로서 독서를 활용해 보자. 구체적인 무언가를 창출하지 않는

'편안함'과 '즐거움'도 엄연히 독서의 가치 중 하나다.

직접적 공부에 얽매이지 않는다

굳이 '직접적 공부'를 거론하는 데에는 이유가 있다. 구체적인 지식이나 해답을 즉각적으로 찾을 수 없는, 무언가에 직결되지 않는 공부도 존재한다는 것이다. 지금 바로 그 해답에 닿지 못한다 해도 책을 읽어 나가면 반드시 무언가가 쌓인다. 그것이 수년 후에 어떤 깨달음으로 찾아올지도 모른다. 그렇다면 그 독서는 유의미한 것이다. '인생 공부'라 표현할 수도 있겠다. 너무 어렵게 생각하지 말고, 독서를 자신의 라이프스타일로서 즐겨 보자. 독서가 아니라 취미, 오락, 또는 심심풀이 등으로 바꿔 말해도 좋다. 중요한 것은 그저 음악을 듣듯이, 커피를 마시듯이, 호흡하듯이 자연스럽게 독서를 즐기는 것이다.

매일 한 권 이상 리뷰를 쓰는 서평가의 하루

필자는 여러 매체에 서평과 에세이 등을 쓰고 있는데, 특히 웹 서평은 매일 갱신되는 것이 많아 실질적으로 거의 매일이 마감인 셈이다. 하루 휴식은 곧 하루치 저장분의 감소이므로 조금만 방심해도 금세 마감의 압박에 시달리게 된다. 미리 부지런하게 글을 써 두는 방법밖에 없는 것이다. 따라서 매일 읽고 쓰고, 읽고 쓰고를 반복하고 있지만 기본적으로 일 중독자인 덕분에 그리 큰 불만은 없다.

잠에서 깨는 것은 오전 6시에서 6시 반쯤이다. 부산하게 움직이는 가족들의 기척이 알람시계 역할을 해 준다. 바로 이때, 침대에서 '기상 전 10분간 독서'를 실천한 다음 일어난다. 잠에서 막 깼을 때 의외로 머리가 개운해서 독서 능률이 높은 편이다. 하지만 시간은 10분뿐. 좀 더 읽고 싶어도 꾹 참고 책을 덮어 독서 욕구를 지속시킨다. 아침 식사 후에는 커피를 마시며 신문을 훑어본 후 작업실로 가서 컴퓨터를 켜고 메일을 확인한다. 그다음, 기고하고 있는 「라이프해커」 등의 사이트를 여러 개 둘러보고 나서 그날 서평을 쓸 책을 읽는다. 이때가 대략 9시경이다.

이제 다 읽은 책의 서평을 쓸 차례다. 오전 중에 한 권 끝내는 것을 목표로 삼고 있지만, 오후가 되도록 늘어지는 경우도 적지 않다(그럴 때는 속이 좀 상한다). 오전 일과가 일단락되면 접골원에 가거나(직업병인 어깨 결림 때문) 장을 본다. 글 쓰는 일은 그 특성상 책상 앞에 앉아 있는 시간이 길어질 수밖에 없기 때문에 가능하면 의식적으로 몸을 움직이려고 한다. 그래도 역시 운동량이 부족하다고 느낄 때가 많다. 회의가 있는 경우를 제외하고는 오후에도 계속해서 글을 쓰다가 틈틈이 책을 읽는다(피곤해지면 인터넷 서핑을 한참 하다가 후회하기도 한다). 건강을 생각해 저녁때도 밖에 나가려고 노력한다. 운동 부족이 건강에 큰 문제가 될 수 있기 때문이다. 저녁 식사는 가능하면 가족과 함께 하며, 물론 반주도 곁들인다. 술집도 좋지만 최근에는 집에서의 음주를 선호하게 되었다.

가족과 시간을 보낸 후 다시 작업실로 들어가지만, 집필은 더 이상 하지 않는다. 알코올이 들어간 상태이기 때문이다. 이때는 주로 음악을 들으며 책을 읽는다. 내일의 준비를 하고 샤워를 마친 다음 침실에 드는 것이 밤 12시경. 잠자리에서도 책을 좀 읽고 나서 눈을 붙인다. 이것으로 하루 일과 종료!

써 놓고 보니 상당히 조용한 생활을 영위하고 있는 것 같아 스스로도 놀랐다. 하지만 '읽고 쓰기'를 중심에 둔 생활이 가능하다는 것은 매우 행복한 일이라는 생각이 든다.

부록

1%가 남는
BOOK LIST

마음에 1%를 남긴 책이
나의 가치관이 된다

여기서는 필자가 지금까지 읽은 책 중에서 어떤 이유로든 가슴에 남은 것을 엄선해 보았다. 선택 기준의 범주는 '비즈니스에 도움이 된다' '생각의 계기가 되었다' '호기심의 폭이 넓어졌다' '이유 없이 그냥 좋다' 등 네 가지로 구분했다. 발행 시기는 고려하지 않고, 이 범주에 포함되는 것을 자유롭게 선택했다. 따라서 '명작 ○○선'과 같이 계통적인 것은 아니다. 오히려 의도적으로 무작위 선택 방식을 택했다. 그러니 '왜 그 책은 없지?' 등의 의구심이 들더라도 그러려니 하고 너그럽게 받아들여 주시기를.

또한 이미 절판된 책도 포함되어 있다. 절판된 책을 굳이 게재한 이유는, 어찌 됐든 분명 필자의 마음에 와닿은 책인 데다 중고서점이나 아마존 등을 이용하면 충분히 손에 넣을 수도 있기 때문이다. 그러니 읽고 싶다면 절판된 책이라도 적극적으로 구해 볼 것을 권한다. 그런 시도가 미지의 책과 새로운 관계를 쌓을 수 있는 기회가 되고, 그 횟수가 거듭되면서 결과적으로 자신의 가치관에도 영향을 미치게 될 것이다.

편집자 주 · 저자의 추천 도서 중에는 국내에서는 발행되지 않은 책도 다수 포함되어 있습니다. 한국어로 번역해 출간된 책은 <국내 번역 도서>로, 한국어 번역서가 없는 책은 <국내 미번역 도서>로 구분하였으며, 국내 번역 도서는 한국어 번역서의 도서 정보를 기준으로 작성했다는 점을 알려 드립니다.

국내 번역 도서

롱테일 경제학

크리스 앤더슨 저
이노무브그룹 외 역
랜덤하우스코리아

인터넷상에서 틈새상품이

계속해서 팔리는 구조에 대하여

롱테일Long Tail이란 말 그대로 인터넷 등의 유통 채널에서 가시화되는 수요 곡선의 '긴 꼬리'를 뜻한다. 틈새상품을 구매하는 고객의 이용 데이터를 차트화하면 조금씩 계속 팔리는 상품이 긴 꼬리와 같은 곡선을 그리며 결코 제로가 되지는 않는다는 것을 알 수 있다. 폭발적으로 판매되는 히트상품이 줄어드는 한편 틈새상품의 수요는 높아지고 있다. 인터넷의 성장과 보조를 맞추며 뚜렷해진 이러한 움직임이야말로 비즈니스의 미래가 그대로 반영되어 있는 것. 이미 새로운 것 없는 사고방식일지 모르나 기본적인 발상에는 보편적 설득력이 있다.

틀 안에서
생각하기

드루 보이드·제이컵 골든버그 공저
이경식 역
책읽는수요일

▼
창의적 사고는 제약 속에서

탄생한다는 현대적 발상

'획기적 아이디어를 창출하고 싶다면 종래의 껍질을 벗어던지고 아웃사이드 박스(틀의 바깥쪽)에서 사고하는 것이 중요하다.' 지금까지 비즈니스 세계에서는 이러한 생각이 지배적이었다. 즉, 고정관념을 깨는 데 가치가 있다고 여긴 것. 그러나 이 책은 정반대의 주장을 한다. 창의적 사고법은 인사이드 박스(제약 속)에 있다는 것이다. 제약이 있어야만 이노베이션(기술 혁신)이 탄생한다는 발상은, 생각해 보면 이치에 들어맞는다. 규제에 농락당하지 않는 잠재력을 갖추고 있어야 모든 일이 앞으로 진척될 수 있는 것이다. 우리가 의식해야 할 사고법이 이 책 속에 들어 있다.

인문 비즈니스에 도움이 된다

스탠퍼드 성장 수업 :
내일의 나를 더 단단하게 만드는

켈리 맥고니걸 저
오민혜 역
알키

스탠퍼드대학의 심리학자가 말하는, 원론적이어서 더욱 울림이 큰 주장

저자는 스탠퍼드대학의 심리학자. 사람들이 스트레스를 잘 다스리고 건강한 선택을 할 수 있도록 지원해 왔고, 그 경험에 기초해 '의지력의 과학'이라는 강좌를 만들어 호평을 받았다. 이 책은 그 강좌의 정수를 응축한 것이다. 과학자의 견지에서 자기제어 능력을 강화해 자신을 변혁하는 방법을 소개하고 있다. 이목을 끄는 새로운 방법은 언급하는 것은 아니며, 기본적 사고방식 역시 매우 원론적이다. 그러나 그처럼 안정된 자세를 유지하고 있기에 더욱 설득력 있다. 일시적 유행에 휩쓸리지 않는 보편적 양서라 할 수 있다.

구글은 어떻게 일하는가 :
에릭 슈미트가 직접 공개하는 구글 방식의 모든 것

에릭 슈미트·조너선 로젠버그·앨런 이글 공저
박병화 역
김영사

기술 혁신의 탄생,

그 역동적 과정을 응축했다

구글의 현 회장이자 전 CEO, 최고의 비즈니스 리더 에릭 슈미트와 생산 담당의 전 수석 부사장 조너선 로젠버그가 타 기업과는 다르게 일하는 구글만의 비즈니스 및 경영 철학을 이 책에 밝혔다. 대부분 두 사람의 경험에서 비롯된 원칙인 만큼 매우 설득력 있다. 특히 주목해야 할 것은 '스마트 크리에이티브'라는 신종 공적이 구글의 신비를 푸는 열쇠라는 점이다. 그들은 기존 의미에서의 지적 노동자와 달리 전문성과 비즈니스 노하우, 상상력을 겸비하고 있다. 새로운 비즈니스가 탄생하기까지의 역동적 과정도 함께 전하는 책.

물욕 없는 세계 :
갖고 싶은 것이 없어지면, 세계는 이렇게 변한다

스가쓰케 마사노부 저
현선 역
항해

고민해야 할 앞으로의 라이프스타일

더 이상 필요치 않은 '소비'에 앞서

별 고민 없이 소비를 하고 있지만, 우리에게는 더 이상 필요한 것이 없을지 모른다. 이러한 의문이 이 책의 출발점이다. 다양한 사람들을 대상으로 치밀한 취재를 거쳐 물욕에 앞서는 라이프스타일을 모색하고 있다. 키워드로 다룬 것은 '주문제작 방식' '3D프린터' '재활용' '분배' 등. '무엇을 가지고 있는가'가 아닌 '어떻게 마음 편히 살 것인가'에 새로운 가능성이 있음을 보여 준다. 등장인물들의 경험담을 통해서도 물욕 없는 삶과 그 중요성을 실감해 볼 수 있다. 당연하다고 여겼던 것은 정말로 당연한가, 자문해 보는 계기가 되는 책.

디지털 평판이 부를 결정한다 :
평판으로 승자가 되는 법

마이클 퍼틱·데이비드 톰슨 공저
박슬라 역
중앙북스

기술 발전의 이면에 도사리고 있는 리스크

'편리함'만으로는 해결될 수 없는,

소셜 미디어, 빅데이터, 클라우드, 셰어링 이코노미 등의 기술 및 서비스는 현대인의 라이프스타일을 크게 향상시켰고, 우리는 이미 그 편리성에 푹 젖어 있다. 그러나 다른 각도에서 보면 우리가 살고 있는 이곳은 일상생활의 모든 것이 '보관'되고 '점수화'되고 '기계화'되고 '순위' 매겨지고 '평판'으로서 데이터화되는 세계라는 것이 이 책의 주장이다. 경우에 따라서는 그 편리성 이면에 개인의 사생활을 침해할 수 있는 리스크가 내재하고 있다는 것. 현대인이 꼭 읽어 둬야 할 내용이다.

비즈니스　생각의 계기가 되었다

미움받을 용기 :
자유롭고 행복한 삶을 위한 아들러의 가르침

기시미 이치로·고가 후미타케 저
전경아 역, 김정운 감수
인플루엔셜

아들러 심리학을　대화 형식으로 알기 쉽게 해설한 대인기작

프로이트, 융과 함께 '심리학의 3대 거장'으로 평가되는 아들러의 교수법을 알기 쉽게 해설한 베스트셀러. 철학자와 청년의 대화 형식으로 이야기를 풀어 가, 심리학은 난해하다는 고정관념을 깼다. 이해하기 쉬운 대화체가 장애물을 낮춰 준 것. 또 재미있는 것은 청년이 아들러의 사상에 대해 과감한 반박을 가한다는 점이다. 독자는 그에게 공감하며 철학자의 대답에 대해 숙고하게 된다. 어렵지만 피할 수 없는 인간관계, 나는 어떻게 처신해야 할 것인가? 그 답을 고민하는 사람들에게 큰 힘이 되어 줄 것이다.

내가 본 것을
당신이 알게 됐으면

박연미 저
정지현 역
21세기북스

▼
▼

잘 드러나지 않은

북한의 비참한 현실을 생생하게 묘사

1993년생의 저자가 묘사한 것은 1990~2000년대 북한의 모습이다. 책장을 넘기며 시기를 자꾸 되짚어 보게 되는 것은 일본의 종전 직후를 떠올리게 만들기 때문이었다. 북한의 실상은 생각보다 더 심각했다. 시체가 방치되어 있는 길을 걸어서 학교에 다녔다든가, 곤충을 먹으며 공복을 채웠다든가, 자기 대신 엄마가 강간을 당했다든가 하는 '사실'은 모두 우리의 상식을 뛰어넘는다. 그나마 유일한 위안은 그녀가 아주 총명하다는 것. 13세에 중국으로 건너가 15세에 한국에 입국했으며, 서울의 동국대학교에 입학한 후에는 세계적인 인권운동가로서 활동하고 있다는 결말 덕분에 희망을 품을 수 있다.

디지털 해적들의 상상력이 돈을 만든다 : 재미와 장난으로 시장을 혁신한 사람들

매트 메이슨 저
최지아 역
살림Biz

부록

1% 가 남는 BOOK LIST

기성품을 재생산하여

새로운 가치를 창출하는 세계와 그 가능성

이 책에서는 현대와 미래의 기술 혁신을 선도하는 것은 '해적'이라고 주장한다. 해적이란 기존의 미디어를 이용해 새로운 것을 만들어 내는 기법과 그것을 구사하는 사람들을 뜻한다. 힙합 음악의 창작부터 3D프린터에 이르기까지 공통적으로 적용되는 메커니즘으로서 '이미 있는 것'을 빌려 와 자유로운 발상 아래 새로운 생산품을 창조하는 수단을 가리킨다. 나올 만한 것은 다 나왔고, 진정한 의미에서 '오리지널'이라 부를 수 있는 것이 전무한 시대에 이러한 사고방식은 매우 진보적이다. 현재로부터 이어지는 미래에 대한 해답을 보여 주는 책.

작은 삶을 권하다 :
욕심을 덜어내고 내 삶에 만족하는 법

조슈아 베커 저
이은선 역
와이즈맵

오해받기 쉬운 미니멀리즘의 본질 설파

버림으로써 풍족해진다,

미니멀리즘에 관한 서적을 여러 권 읽었지만, 대부분 '지나치다'는 느낌으로 저항감이 생겼다. 그러나 그중에서도 무리 없이 받아들일 수 있었던 책. 저자는 현대의 미니멀리즘 운동을 대표하는 인물로, 중요한 것은 가구가 전혀 없는 방의 바닥에 앉아 있는 것이 아니라 (버림으로써) '풍족해지는 것'이라고 주장한다. 물론 물건을 줄이는 방법도 강조해 설명하고 있지만, 그리하여 얻게 되는 것, 즉 정신적 측면에 중점을 두는 것이 핵심이다. 저자가 직접 시행착오를 거듭한 끝에 현재의 경지에 도달했음을 알기에 기분 좋게 서평을 쓸 수 있었다.

효율적 이타주의자 : 예일대학교 캐슬 강연

피터 싱어 저
이재경 역
21세기북스

타인을 위한 선행은 새로운 라이프스타일이다

필자의 가슴에 커다란 울림을 남긴 책으로, 특히나 내용이 담백하고 꾸밈없다. 이타주의, 즉 타인을 위해 선행을 베푸는 것을 21세기의 윤리적인 라이프스타일로 규정했다는 점에서 신선한 충격을 받았다. 자신의 일만으로도 힘에 부쳐 타인을 제대로 돌아본 적 없는 (필자와 같은) 보통 사람이라면 책에 등장하는 이타주의자의 삶의 방식에 더 큰 감동을 받을 것이다. 검소하게 살면서 수입의 반을 기부하는 일이 정말 가능할까 자문하게 되기도. 자신이 하고 있는 일이 진정 올바른지 고민하며 기부를 이어 가는 사람들의 모습에서 이상적인 삶의 태도가 보인다.

호밀빵
햄 샌드위치

찰스 부코스키 저
박현주 역
열린책들

펑크 작가가 남긴 자전적 소설

매사에 서툴고 공격적이지만 섬세하다,

독일에서 태어나 말년에는 캘리포니아에 정착한 부코스키. 어린 시절에는 아버지에게 학대받았고 주당에 여자관계도 복잡했지만, 우체국에서 일하며 수많은 명작을 배출했다. 자신의 방탕한 삶을 비춘 작품들 모두가 하나같이 훌륭하지만, 특히 이 작품이 인상적이다. 학대를 받으며 외모에 대한 열등감을 떠안은 채 굴절된 사춘기를 보낸 저자의 자전적 작품으로, 밑바닥 삶에 대한 노골적인 감상과 거친 묘사가 매력적이다. 그는 필요 이상으로 어깨에 힘을 주지 않는다. 아니, 그런 자세와는 정반대다. 천박한 감정이 있는 그대로 드러나지만 감수성이 풍부하고 무엇보다 재미있다. 문장이 간결하고 단순해 술술 읽히는 것도 장점.

하이 피델리티

닉 혼비 저
오득주 역
문학사상

주인공으로 등장하는 유쾌한 소설

레코드 가게를 운영하는 전직 DJ가

영국의 작가 닉 혼비에게는 졸작이 없지만, 그중에서도 특히 훌륭한 작품으로 꼽을 수 있다. 주인공은 런던에서 중고 레코드 가게를 운영하는, 유치하고 엉뚱한 성격의 전직 DJ. 실수투성이에 애어른이지만 도저히 미워할 수 없다. 영화에서는 어찌 된 영문인지 미국의 보스턴을 무대로 삼고 있는데, 매우 잘못된 선택인 것 같다. 주인공의 까다로운 성격은 아무리 봐도 런던 사람 그 자체인데 말이다.

아무도 모르는 작은 나라 :
모든 것이 작은 코로보쿠루 이야기 1

사토 사토루 저
햇살과나무꾼 역
논장

개인적 독서의 원점으로 꼽는

평온한 이야기

아동서로 분류되는 이 책을 목록에 포함할 것인지 마지막까지 고민했으나 필자의 독서의 원점이 되는 작품이기에 결국 빼놓을 수 없었다. 작은 산에 사는 소인 코로보쿠루의 이야기. 초등학교 저학년 때 처음 읽자마자 푹 빠져서 시리즈 전편을 단숨에 독파한 기억이 아직도 남아 있다. 이 책을 읽으면 지금도 초등학교 도서관에 있는 듯한 기분이 들 만큼 어린 시절 필자의 가슴을 뛰게 만든 작품이다. 독서의 즐거움이란 바로 이런 것! 필자가 이 책을 집필하는 중에 저자의 부고가 들려왔다. 삼가 고인의 명복을 빈다.

국내 미번역 도서

기적의 직장 :
신칸센 청소팀의 자부심

奇跡の職場：新幹線清掃チームの働く誇り

야베 테루오 저
아사출판

신칸센 청소 직원들의 사기를 북돋운
리더의 사고방식

저자는 국철시대부터 40년이 넘도록 전차와 승객의 안전 대책 전문가로서 활동해 온 인물. 수많은 실적을 쌓은 후 신칸센 청소회사인 JR 동일본테크노하트 텟세이TESSEI로 이동, 종업원의 정착률은 낮고 사고와 클레임이 많은 환경에 뛰어들었다. 주목할 점은 저자가 '굳이 왜 내가?'라는 의문을 품으면서도 청소를 담당하는 현장의 직원들에게 먼저 다가가 공감을 얻고 사기를 북돋았다는 사실이다. 그 결과 텟세이는 의욕 넘치는 직원들이 일하는 기적의 직장이 되었고, 일본뿐 아니라 해외에서도 취재 요청이 쇄도하는 '인기 집단'이 되었다. 하버드대학의 교재에도 실린 저자의 대처 방식, 그 자리에 오르기까지의 발자취를 밝힌 이 책이 전하는 것은 '일 자체의 본질'이다.

비즈니스에 도움이 된다

그레이트풀 데드에게
마케팅을 배우다

グレイトフル・デッドにマーケティングを学ぶ

데이비드 미어맨 스콧 · 브라이언 홀리갠 저
닛케이BP사

전설의 록 밴드에게 배우는,

현대에도 통용되는 마케팅 기법

60년대에 캘리포니아에서 결성된 그레이트풀 데드는 당시의 히피 문화를 대표하는 록 밴드다. DIY 정신을 관철하며 '콘서트 녹음은 자유' '녹음 테이프의 교환도 OK'와 같이 참신한 태도로 열렬한 팬층을 확보해 갔다. 그 결과 인기 차트의 상위를 차지할 만한 곡이 없는데도 팬이 대규모 야구장을 가득 채울 정도로 인기를 누렸다. 이 책의 주장은 그들이 취한 태도가 매우 마케팅적이라는 것. 또한 그 기법은 현대의 비즈니스에도 무리 없이 응용할 수 있다는 독특한 시점의 이야기다. 공감은 발상이 있어야만 탄생하는 것임을 실감하게 한다.

신문을 올바로 읽는 법 :
정보의 프로는 이렇게 읽는다!

新聞の正しい読み方：情報のプロはこう読んでいる!

마쓰바야시 가오루 저
NTT출판

신문 읽는 법을 알면   세계가 확장된다

신문 읽는 사람이 줄었다는 이야기를 자주 듣는다. 발행 부수를 확인할 필요도 없이 그것은 틀림없는 사실이다. 그렇다고 해서 신문 따위 더 이상 필요 없다는 생각한다면 신문에 대해 잘 모르기 때문. 인터넷에는 존재하지 않고 신문에서만 얻을 수 있는 정보가 따로 있다. 또한 신문은 '읽는 법'이 있고, 그것을 알아 두면 이해도가 크게 달라진다. 신문을 올바르게 읽으면 더 넓은 시야로 사회를 관찰하는 능력을 기를 수 있다. 그런 의미에서 이 책의 존재는 매우 중요하다. 각 신문들의 차이점, 취재 방법, 지면 배정(의 의미)까지 좀처럼 알아내기 어려운 정보가 가득하다. 신문의 구조를 이해하는 데 최적인 책.

사회 ▶ 생각의 계기가 되었다

재일 중국인 33인의
그래도 우리가 일본을 좋아하는 이유

在日中国人33人の それでも私たちが日本を好きな理由

조해성 저
고바야시 사유리 역
ccc미디어하우스

일중 관계가 긴장 국면에 있는 지금,

더욱 알아야 할 중국인의 속내

베이징 출신의 저자는 80년대에 일본으로 유학을 가 대학 졸업 후에는 재일 중국인을 위한 중국어 신문을 펴내고 10년간 초대 편집장을 맡았던 인물로, 현재는 일본과 중국을 왕래하며 저널리스트로서 활약하고 있다. 이 책은 그런 배경을 바탕으로 저자가 재일 중국인들과의 이야기를 담은 인터뷰집이다. 일중 관계가 최악으로 치닫고 있지만, 성실하고 진지한 그들의 이야기를 읽다 보면 감정적으로 미워할 것이 아니라 편견 없는 시선을 가져야 한다는 사실을 새삼 깨닫게 된다. 한마디로 민족 이전에 개개의 인간을 봐야 한다는 것. 당연하지만 망각하기 쉬운 부분이다. 한 사람이라도 더 많이 읽었으면 하는 바람이다

생일을 모르는 여자아이 : 학대 이후의 아이들

誕生日を知らない女の子：虐待──その後の子どもたち

구로카와 요코 저
슈에이샤

학대 후유증에 시달리는 아이들과
혼신으로 직면한 다큐멘터리

제목이 다소 자극적이지만, 초점은 학대당한 아이들에게 맞춰져 있다. 저자는 학대 상황에서 구출된 후 '재양육'의 장場인 집단 보호 가정family group home에서 후유증에 시달리며 살아가는 아이들 곁에 다가가 속 깊은 대화를 나눈다. 통감할 수밖에 없는 것은 어떤 아이든 행복하게 살 권리를 가지고 태어났다는 진리다. 그 당연한 권리를 누리지 못하고 상처 입은 아이들은 환청을 듣거나 은둔형 외톨이가 되거나 주위를 적대시한다. 비참하다는 말로도 표현 못할 무언가가 가슴 깊은 곳에서 올라온다. 글을 읽는 것만으로도 가슴을 에는 듯 고통스럽지만, 그래도 읽어야 한다. 그것이 우리의 의무일 것이다.

논픽션 생각의 계기가 되었다

「귀축」의 집 :
자기 자식을 죽인 부모들

「鬼畜」の家：わが子を殺す親たち

이시이 고타 저
신쵸샤

치밀한 취재로 자기 자식을 죽인

부모들의 과거와 심리를 밝힌다

아동학대 사건이 끊이지 않는 요즘이다. 세상 모든 아이들은 행복해질 권리가 있다고 절대적으로 믿고 있기에 이 책 또한 거론하지 않을 수 없었다. 모티브는 3세 남자아이를 방치해 사망에 이르게 한 '아쓰기 시 유아 아사 백골화 사건', 낳고 죽이는 과정을 반복한 '시모다 시 영아 연속 살인 사건', 아들을 토끼우리에 감금해 살인한 '아다치 구 토끼우리 감금 학대사 사건' 등. 안타깝게도 우리의 상식만으로는 절대로 이해할 수 없는 사람들이 실재한다. 그렇다면 이제, 이런 사건이 더 이상 발생하지 않도록 우리가 무엇을 해야 하는지 고민해야 할 차례다.

프랑스인은 옷을 10벌밖에 갖고 있지 않다 : 파리에서 배운 '삶의 질'을 높이는 비결

フランス人は10着しか服を持たない

제니퍼 L. 스콧 저
간자키 아키코 역
다이와서방

▼
▼

캘리포니아 걸이 프랑스에서 배운
진정한 의미에서의 풍족한 삶

비치 샌들과 바비큐에 익숙한 '캘리포니아 걸'이었던 저자가 교환학생으로 찾아간 파리에서 배운 삶의 비결을 소개한다. 원제『Lessons from Madame Chic』와 비교했을 때, 일본어 제목을 아주 잘 지은 것 같다. 식사, 운동, 옷차림, 생활방식 등에서 느낀 저자의 문화충격이 고스란히 드러난다. 접근법과 표현, 리듬감 있는 번역도 경쾌하고 친근하다. 독자 입장에서 자신의 생활에 적용해 보고 싶다고 느낄 만한 주제들로 가득하기 때문에 즐겁게 읽을 수 있다.

천재들의 일과 :
창조적인 사람들의 창조적이지 않은 날들

天才たちの日課：クリエイティブな人々の必ずしもクリエイティブでない日々

메이슨 캐리 저
긴바라 미즈히토 · 이시다 후미코 역
필름아트사

천재라 불리는 사람들은 몇 시에 일어나

무엇을 먹고, 어떤 일을 하고 있을까?

과거 400년간의 역사 속에서 천재라 불려 온 위인들은 어떤 일상을 보냈을까? 매우 흥미로운 주제다. 그런 점에서 구체적인 자료를 근거로 그들의 스케줄과 라이프스타일을 조사한 이 책은 주목할 만하다. 책에 등장하는 천재 161인을 살펴보면 프랜시스 베이컨, 페데리코 펠리니, 모차르트, 베토벤, 키에르케고르, 마르크스, 프로이트, 융, 헤밍웨이, 무라카미 하루키, 스티브 라이히, 아인슈타인, 앤디 워홀 등 실로 다채롭다. 게다가 분명한 사실에 대하여 감정을 일체 싣지 않고 객관적으로 서술하고 있으므로 독자는 그 결과물을 순수하게 즐길 수 있다.

커스터마이즈 :
'특별 주문'을 비즈니스로 삼은 사람들

カスタマイズ：【特注】をビジネスにする戦略

앤소니 프린 · 에밀리 프린 벤캣 저
와다 미키 역
ccc미디어하우스

대량생산 시대는 끝났다

앞으로 주목받는 것은 커스터마이즈！

대량생산의 시대는 끝이 났고, 앞으로는 커스터마이즈, 즉 '특별 주문'이 세상의 흐름이 될 것이다. 그 범위는 식품부터 패션에 이르기까지 광범위하다. 실제로 '완전 주문 제작' 형식의 비즈니스 모델을 실천하는 기업이 큰 성공을 거두고 있다. 주문 제작은 더 이상 비효율적 사업 형태가 아닌 것이다. 기존의 감각으로 판단하면 대담해 보일지 모르지만, 3D프린터로 무엇이든 만들 수 있게 된 시대에서는 오히려 자연스러운 흐름일 것이다. 저자가 직접 '유버'라는 시리얼바를 주문 제작 하여 비즈니스를 성공시킨 만큼 매우 설득력 있다.

알렉스 헤일리
플레이보이 인터뷰집

Alex Haley : The Playboy Interviews

머레이 피셔 편
스미토모 스스무 역
중앙아트출판사

『뿌리』의 작가가 철저히 파헤친
스릴 넘치는 인터뷰집

70년대 후반 『뿌리』라는 작품으로 화제가 된 작가 알렉스 헤일리가 60년대 전반부터 만년이었던 90년대까지 잡지 「플레이보이」에 실은 인터뷰를 담은 책. 우선 압도되는 것은 그 인선人選이다. 마일스 데이비스, 맬컴 엑스, 무하마드 알리, 마틴 루터 킹 주니어 등 흑인 문제에 초점을 맞추어 쟁쟁한 인물들과 인터뷰를 시도한 것. 급진파로 분류된 맬컴 엑스나 극우파 백인우월주의자 링컨 록웰 등에 대해서도 그 모순을 호되게 지적하는 자세가 압도적이다. 읽는 내내 긴장감을 늦출 수 없었다. 이상적인 인터뷰란 바로 이런 것!

사전에 실리는 말은 어디서 찾아오는 걸까? :
말 채집 현장에서

辞書に載る言葉はどこから探してくるのか？：ワードハンティングの現場から

이이마 히로아키 저
디스커버케이쇼

국어사전 편집위원이 밝히는

사전에 실려야 할 말을 찾는 방법

저자는 『산세이도 국어사전』의 편집위원. 국어사전을 편찬하기 위해 일상적으로 현대어의 용례를 채집하는 것이 그의 일이다. 이 책은 사전에 실려야 할 말을 찾기 위해 도내 각지를 걸어 다니는 저자의 '언어기행'이다. 모국어를 사랑하는 사람이라면 저자의 고집스러운 자세에 깊이 공감할 것이다. 개인적으로는 절대 허용할 수 없는 단어도 사전에 실려 있지만, 견해의 차이로 받아들이기로 했다. 사전이 사회에 미치는 지대한 영향력을 이해할 수 있다는 점에서도 매우 의미 있는 책. 여유롭고 따뜻한 문체가 기분을 편안하게 만든다.

문학 이유 없이 그냥 좋다

명랑
소녀

青空娘

겐지 게이타 저
치쿠마문고

소녀 잡지에 연재했던 명랑소설

쇼와 시대의 인기 작가

겐지 게이타는 쇼와 시대(1926~1989)의 인기 작가다. 작가 본인이 샐러리맨과 작가를 겸업하며 직장인의 애환을 소설로 묶어 인기를 끌었다. 대표작인 『영어 통역가英語屋さん』는 나오키상*을 수상했으며, 영화와 드라마로 만들어진 작품도 많다. 그럼에도 저작의 대부분이 현존하지 않는 것은 대중 소설가의 숙명일지도. 이 책은 무엇보다 재미있기에 추천한다. 소녀 잡지 「명성」에 게재되었던 작품으로, 복잡한 환경에서 태어난 여자아이가 뒤얽힌 인간관계에 휘말리지만 결국에는 행복을 거머쥔다는 이야기다. 궁지에 몰릴 때마다 도와주는 사람이 나타나고, 나쁜 사람은 반드시 패배한다는 권선징악적(칭찬이다!) 전개는 이 작가만의 전매특허라고 할 수 있다.

※ 일본의 문학상. 소설가 나오키 산주고(直木三十五, 1891-1934)의 업적을 기리며 대중문학의 신진 작가에게 주기 위해 제정된 상이다.

후지일기
- 상·중·하

富士日記-上中下

다케다 유리코 저
추코문고

소설가의 아내가 후지산 기슭에서의
생활을 담담히 그려 낸, 일기문학의 걸작

남편인 소설가 다케다 다이준과 13년간 후지산 기슭에서 지냈던 삶을 간결하고 읽기 쉬운 문체로 서술한 일기. 꾸밈없이 일상을 묘사하고 있어 더욱 매력적이다. 풍경과 인간에 대한 관찰력이 탁월하고 표현력 역시 풍부하다. 구입한 물건의 가격이나 그날 먹은 음식에 대한 기록 등 부부의 일상이 자연스레 떠오르면서 읽는 이의 마음까지 괜스레 유쾌하고 따뜻해진다. 총 3권으로 구성되어 부피가 큰 편이지만 이상하게 술술 읽힌다. 특별할 것 없는 평범한 일상이 얼마나 소중한 것인지.

핌프 :
아이스버그 슬림의 스트리트 매춘 사업

ピンプ：アイスバーグ・スリムのストリート売春稼業

아이스버그 슬림 저
아사오 아츠노리 역
DU BOOKS

어두운 과거

한때 포주였던 저자가 묘사한

핌프Pimp란 성매매 여성을 회유하여 그 벌이를 가로채는 '포주'를 가리킨다. 저자는 과거 핌프로 일했던 인물로, 이는 그의 자전적 소설이다. 직접 몸담았던 세계의 이야기인 만큼 전개가 손에 잡힐 듯 생생한 것이 최대 포인트. 책을 읽는 것만으로 엿봐서는 안 될 곳에 발을 들여놓은 듯한 기분이 든다. 또 하나의 매력은 냉정한 정경 묘사와 문장 표현이다. 물론 영문 원저를 읽지 않는 한 그 본래의 어감을 파악할 수 없겠지만, 이 작품의 문학성은 번역을 통해서도 여실히 드러난다. 불법적 세계에 종사했던 인간이 자신의 체험을 토로한 것 자체로 가치가 크다.

이유 없이 그냥 좋다

윗지
뱃

ウィーツィ・バット(Weetzie Bat)

프란체스카 리아 블록 저
긴바라 미즈히토 · 오가와 미키 역
도쿄소겐샤

▼
▼

펑크 문화를 통과해 온 작가의

이색 판타지

주인공은 할리우드에 사는 여자아이. 이 작품이 시리즈의 1탄으로, 경쾌한 이야기 전개와 꾸밈없는 묘사가 최대 장점이다. 덕분에 전 5권을 단숨에 읽을 수 있다. 굳이 분류하자면 판타지 소설이 되겠지만, 장르를 뛰어넘는 상큼한 매력이 있다. 주목할 만한 것은 저자의 인생 경험이 반영되어 있다는 사실. 필자도 비슷한 연령대로, 저자처럼 펑크 록 문화를 통과해 온 사람이다. 시리즈 후반에는 LA의 펑크 밴드 X의 라이브 장면도 등장한다. 마치 제트코스터를 탄 듯 스릴이 넘쳐흐르는 시리즈.

문학 　이유 없이 그냥 좋다

한 남자가
비행기에서 뛰어내리다

一人の男が飛行機から飛び降りる

배리 유어그로 저
시바타 모토유키 역
신초문고

초현실적 세계관이

관류하는 '초초단편'

배리 유어그로(Barry Yourgrau)는 남아프리카에서
태어나 미국에서 성장한 소설가다. 매우 짧은 단편소
설을 '초단편'이라고 하는데, 그의 작품은 한 편이 원
고지 2~3장 분량에 불과하므로 '초초단편'이라 불러
도 좋겠다. 그가 묘사하는 세계는 매우 기이하다. 꿈
속에서 본 광경을 그대로 글로 옮겨 놓은 듯한 분위
기라고나 할까. 하지만 결코 난해하지 않고 감각적이
다. 원래가 이야기 같지 않은 이야기이므로 독자는 그
림을 바라보듯 느껴지는 그대로 받아들이면 된다. 이
렇게 의미 없어 보이는 독서 체험이 '또 읽고 싶다'는
욕구로 자연스레 연결되는데, 그 지점에 바로 이 작품
의 매력이 있다.

독서의 정도(正道)를 가면
적극적 독서의 길이 열린다

'FM오다와라'라는 방송국에서 「인나미 아쓰시의 키키미미 도서관」이라는 프로그램을 진행하고 있다. 매주 일요일 오후 6시부터 1시간 동안 필자가 추천하는 책과 음악을 소개한다. 필자는 원래부터 발음이 부정확하고 말도 잘하지 못한다. 다만 한 가지 원칙을 가지고 있다. '친절한 안내자' 역할에 충실하자는 것, 굽히지 않는 스스로의 다짐이다. 거드름을 부리며 나의 주장을 내세우는 것이 아니라 어디까지나 '여기 이렇게 재미있는 게 있어요. 저는 좋은데, 당신도 해 볼 의향이 있나요?'와 같은 태도를 취하고자 하는 것이다. 음악작가로서도 이 자세를 일관해 왔다. 여기에는 이유가 있다. 지식을 과시하거나 난해한 이론을 나열하는 것은 아무런 의미가 없기 때문이다. 그렇게 해서 자기만족에 젖는 사람도 있겠지만, 적어도 필자는 그런 부류가 아니다. 무엇보다 그런 자세를 취하면 목적이 달라지고 만다. 프로그램의 목적이 알리고 소개하는 것이니, 그에 맞추어 초보자를 위한 친절한 안내자가 되어야 한다고 믿는다. 이미 아시겠지만, 이 책에도 동일한 원칙을 적용했다.

독서법 관련 서적이 시대를 불문하고 계속해서 발간되는 이유는 독서 때문에 고민하는 사람들이 오래전부터 존재해 왔기 때문이다. 발신자의 입장에서는 맞은편에 나의 의견을 들어 줄 사람들이 항상 대기하고 있는 셈이다. 다른 저자들을 비난하려는 것은 결코 아니지만, 독서를 힘들어하는 사람들의 심정을 진정으로 이해하는 독서법 책은 의외로 적은 것 같다. 왜일까. 독자 곁으로 다가가려는 노력이 부족하기 때문이라고 생각한다. 단순히 속독법 등과 같은 테크닉을 알고 싶은 독자도 물론 있겠지만, 진정한 의미에서 독서법을 알아야 할 독자는 그들과 다른 곳에 있을 것이다. 그들이 바로 이 책에서 언급하고 있는 '소극적 독자'다. 스트레스나 어려움 없이 책을 읽고 싶어 하는 사람들, 개인적으로는 이런 분들이야말로 가장 가능성이 큰 독자라고 생각한다. 일단 노하우를 알기만 하면 성적이 쑥쑥 올라갈 것 같다고나 할까.

필자는 그런 소극적 독자에게 도움을 주고 싶어서 이 책을 썼다. 어찌 보면 이 책에는 당연한 말들만 적혀 있다. 독서의 근본적 원칙이 가장 중요하다고 믿기 때문이다. 이 원칙들이야말로 소극적 독자를 적극적 독자로 변화시키기 위한 최선의 방책이다. 서평이나 라디오 전파 등을 통해 어떤 책에 대해 소개하듯 독서법에 대해서도 나름의 방식으로 이해하기 쉽게 전하고 싶었다. 이런 마음이 조금이나마 전해져, 이 책을 읽은 독자가 '다음에는 저 책을 사서 한번 읽어 볼까' 하는 의욕이 생긴다면 더 바랄 것이 없겠다. 단언컨대 그런 마음가짐이야말로 독서 생활의 '입구'가 되어 줄 것이다. 그 문을 꼭 열어 보기 바란다. 언뜻 무거워 보일지 모르지만, 과감하게 시도해 보면 의외로 가벼워서 그리 힘들이지 않아도 열릴 것이다.

모두冒頭의 이야기로 돌아가서, 「인나미 아쓰시의 키키미미 도서관」은 사이멀라디오www.simulradio.info와 스마트폰 애플리케이션을 통해 들을 수 있다. 이 책을 쓰는 데 많은 도움을 주신 담당 편집자 와카바야시 사키 씨에게 감사드린다.

인나미 아쓰시